홋카이도 반할지도

여름의 비에이
겨울의 삿포로

홋카이도 반할지도

여름의 비에이
겨울의 삿포로

최상희 · 최민 지음

해변에서랄랄라

prologue

짧았던 여름의 빛, 고요하게 아름다운 곳, 비에이

새소리와 햇살. 잠시 빌린 여름 집에서는 알람 대신 창밖의 작은 수런거림에 잠이 깬다. 창문을 여니 자작나무 숲에 머물던 서늘한 공기가 천천히 밀려들어 온다. 신선한 아침 냄새다. 커피를 끓일까 하다 다시 이불 속에 눕는다. 아무 것도 서두를 것 없는 여행의 아침이다. 비에이에서는 그랬다. 그곳의 시간은 이상하게도 느긋하게 흘렀으나 하루하루가 충만하였다. 별달리 한 일도 없이 지냈으나 잘 구운 빵을 통째로 먹은 듯, 기분 좋은 포만감을 느꼈다. 견디지 않고 사는 것이라고, 그곳 비에이에서의 작은 삶이 말해 주었다.

비에이는 조용하고 수수한 곳이다. 주소와 표지판 대신 부드러운 언덕과 들판 사이에 서있는 나무가 이정표가 되는 산골 마을이다. 야트막한 산비탈을 타고 감자가 영글고 황금빛 밀밭 사이를 달리는 여우의 나직한 웃음소리가 들려오고 옥수수 밭을 건너 사르륵 불어오는 바람에 하얀 메밀꽃이 폭죽처럼 피어난다. 해바라기는 태양의 방향으로 살며시 고개를 돌린다. 여름의 색은 강렬하고 선명했다. 군더더기 없는 햇살, 풍요로운 숲, 청량한 공기. 초록 벌판을 쭉 달리면 그대로 푸른 하늘에 가닿을 것만 같은 길. 그곳에 자연을 닮은 소박하고 성실한 삶이 있다. 그것이 낭만적이고 멋진 것만은 아니리라 짐작하면서도 한번쯤은 그리 살아보고 싶은 소망을 품는다. 그리고 여간해서는 이루어지지 않을 꿈이라는 것 역시 우리는 알고 있다. 그럼에도 불구하고.
우리는 꿈을 꾼다. 꿈의 방향으로, 우리는 잠시 떠난다. 꿈꾸는 삶을 잠시 여행한다.

신비롭고 이상한 밤, 아름다운 겨울의 도시, 삿포로

밤이 되자 길은 빙판으로 변했다. 편의점에서 산 어묵 국물과 캔 맥주의 온도가 식을까봐 마음은 종종걸음 치지만 걸음은 조심스럽다. 웃, 추워, 하고 토하는 숨이 밤의 공기 속으로 하얗게 퍼진다. 부드러운 것이 살포시 뺨 위에 앉는다. 고개를 드니 까만 하늘에 하얀 눈이 흩날린다. 노란 가로등 불빛 속에 눈송이가 춤을 춘다. 이유도 모른 채 터진 웃음에 눈송이가 달라붙는다. 공기는 달고 차가운 아이스크림 같았다.

사람은 적고 나무와 숲이 많아 공간적으로도 심적으로도 스페이스가 있는 곳을 즐겨 여행지로 택했던 우리에게 삿포로는 조금 낯설었다. 내가 사는 곳과 별반 다르지 않았기 때문이다. 그 때문에 일상을 떠나 이방인으로 존재할 때의 기분, 그러니까 낯선 곳에서 서툴고 두려우면서도 예민하게 오감이 열리는 여행자 특유의 기분이 덜 느껴졌다. 하지만.
어느 겨울 아침, 자연의 선물을 받은 도시는 어제의 그곳이 아니다. 하얀 눈을 뒤집어쓴 침엽수, 더욱 싱싱해 보이는 초록빛, 사방에서 풍기는 신선한 눈의 냄새. 밤새 산에서 내려온 요정들의 마법으로 도시는 하얗게 변했다. 뜨거운 수프가 더 맛있어지고 차가운 맥주는 눈이 번쩍해지는 맛이 난다. 그렇게. 우리는 하얀 겨울의 도시를 여행한다. 그곳은 조금은 동화 같아서 깨어나고 싶지 않은 꿈속을 여행하는 기분이었다. 그리운 꿈의 조각은 내 마음 어딘가에 남아, 바람이 불고 공기에서 신선한 냄새가 나는 어느 날, 우리는 또 여행을 떠날 것이다.

Contents

04   prologue

Biei

20   나무의 방향으로 켄과 메리의 나무
22   여행자의 세포 세븐스타 나무
24   이름 없이도 마일드세븐 나무
26   부모와 아이의 나무 오야코 나무
27   여행의 이유 크리스마스 나무
28   붉은 지붕이 있는 풍경 메르헨노오카
30   몇 겹으로 이어진 능선 너머 신에이노오카
32   언덕의 양 목장 오쿠노산보미치
36   누군가를 위한 사계채의 언덕
40   바람의 노래를 들어라 호쿠세이노오카 전망공원
42   여름으로 가는 문 아루우노파인
46   피크닉의 기분, 소곤소곤 샌드위치 피크닉
48   낭만에 대하여 랜드 카페
50   티티새의 양과자점 메루루
52   자작나무의 카페 버치
54   빵의 성격 팡코보 코무기바타케
55   밀의 노래, 햇살의 빵 비브레
56   등 뒤의 기억 카페 드 라페
58   여름의 목장 팜레스토랑 치요다
62   삶은, 때로는 다쿠신칸
64   우연이 빚은 푸르름 아오이이케
66   흰 수염 폭포 시로히게 폭포
68   꿈이 되는 꿈 알프롯지
70   비에이 역
72   세모의 마을
74   채소의 기분 비에이 센카
75   비에이의 밭, 홋카이도의 눈 아스페르쥬
76   큼직한 새우튀김 준페이
77   카레우동의 부러움 코에루

78	여분의 카페 다방 사잔카
80	마츠리의 밤
82	지나다 본 풍경
83	무인 판매대
84	길가의 채소 가게
86	잠시 빌려 쓴 작은 집

Furano

92	노롯코 열차
94	일렁이는 보라 팜 도미타
96	달고 차가운 맛 도미타 멜론 하우스
97	여름, 산타의 수염 포푸라 팜
98	요정의 숲 닝구르테라스
100	숲의 시계 모리노토케이 카페
102	치즈의 오후 후라노 치즈 공방
106	바람의 언덕에 서서 가미후라노 플라워 랜드
110	포도밭 옆 과자점 캄파나 롯카테이
111	그때, 종소리가 울려 퍼졌다 히노데 공원
112	각설탕의 마을
113	엄격한 카레 마사야
114	내일의 여행이 기대되는 포레스트뷰
116	작은 그네를 탄 행복 리카로카 카페
118	카페, 꽃, 고등어 하나 시치요 카페
122	전망대 옆 대관람차 미야마토우게 전망대

Sapporo

- 132   요정의 방문 **언와인드 호텔**
- 134   공원의 마법 **나카지마 공원**
- 139   불가항력의 샌드위치 **샌드리아**
- 140   예측 불허의 기쁨 **머큐리 카페**
- 142   흰 눈 내리는 백곰의 오후 **마루야마 동물원**
- 145   긴 숲의 터널 **마루야마 공원**
- 146   깊은 숲의 커피 **모리히코 카페**
- 148   작고 다정한 빵집 **마루무기 빵집**
- 149   개구리 모양을 한 행복 **꾸스 꾸스 오븐 하퍼스**
- 150   달빛 다락방 **프레스**
- 151   팬케이크의 전설 **마루야마 팬케이크**
- 152   홋카이도 식 환대 **미야비**
- 154   차갑고 황홀한 북극의 별 **삿포로 맥주박물관**
- 156   밤의 여행자들 **라무**
- 157   양을 쫓는 모험 **다루마**
- 158   마무리는 파르페 **파르페, 커피, 리쿠르, 사토**
- 159   이상하고 아름다운 북국의 밤 **JR 타워 전망대**
- 160   대관람차가 보이는 창 **라장 스테이**
- 164   고양이의 걸음으로, 숲의 교정 **홋카이도 대학교**
- 167   오늘의 빵, 사이좋은 단팥빵 **콧뿌 빵집**
- 168   물고기는 강을 거슬러 **니조 시장**
- 170   춤추는 바다 **오이소**
- 172   우리의 이정표 **오도리 공원**
- 174   굿모닝, 커피 **바리스타트 커피**
- 176   아카렌가의 건물 **홋카이도 구본청사**
- 177   시간이 흘러도 여전히 **삿포로 시계탑**
- 178   도서관의 과자점, 멜랑콜리의 케이크 **기타카로 삿포로 본관**
- 179   눈 오는 밤의 사박사박 쿠키 **롯카테이 삿포로 본점**
- 180   따뜻함의 온도 **수프카레 사무라이**
- 181   호쾌한 한 그릇 **라멘 소라**
- 182   수다스러운 택시 기사 **신겐 라멘**
- 183   여행의 기억
- 184   몽상가의 방 **호텔 몬테레이 삿포로**
- 186   사르르 녹아내렸다 **밀크 하우스**
- 188   디자인하지 않는 디자인 **디앤디파트먼트 삿포로 바이 3KG**

190	오늘의 런치, 몽상가의 코스 요리 **비스트로 쁘띠 레지옹**
194	그곳은, 꿈이 사는 집 **스페이스 1-15**
196	예쁘고 다정한 쿠키 **캡슐 몬스터**
197	포옹 혹은 수프의 위로 **키친 토로이카**
198	건강한 밥 한 끼 **다베루토쿠라시노켄큐쇼**
200	느긋하게 살고 싶다 **카페 츠바라츠바라**
202	스며드는 풍경 **사토 커피**
204	햇살은 그곳에 남아 **이시다 커피**
206	상냥한 아침 **네스트 호텔 삿포로 오도리**

Otaru

212	바다를 달리는 기차
214	두 계절의 기차 역 **미나미오타루 역**
216	메르헨의 멜로디 **오타루 오르골당 본관**
218	눈의 거리, 치즈케이크의 성 **르타오**
222	달콤한 가게들 **롯카테이 · 기타카로**
223	러브레터 **오타루 사카이마치 우편국**
224	사카이마치도리
226	오래된 찻집 **쿠보야**
228	햇살 가득한, 어슴푸레한 장소 **기타이치홀**
229	오타루의 초밥집 **히키메**
230	두 계절의 풍경 **오타루 운하**
232	고양이의 숨바꼭질, 기찻길 **구 테미야센 선로**

Lake Shikotsu

236	북쪽 끝 호수 **시코츠호**
242	호수의 아침, 밤의 여행자 **미즈노우타**
246	눈 내리는 소리만 있는 아침 **마루코마 온센 료칸**
254	카레향이 나는 료칸의 카페
258	홋카이도를 기억하는 작은 기념품

---

260 special tips 홋카이도 여행법
날씨, 항공, 교통, 공항에서 시내 가기, 쇼핑 정보
홋카이도의 맛, 호텔부터 료칸까지 다양한 숙소

여름의 한철을 비에이에서, 겨울의 한 때를 삿포로에서 보냈다. 여느 때처럼 느리고 느린 여행이었지만 그곳의 풍경과 느리고 느린 여행은 잘 어울렸다.

나무와 언덕, 숲과 호수가 그려진 지도를 보며 바람의 방향으로 우리는 여행했다. 대단한 목적이나 계획 없이, 때때로 멈추고 느리게 걸으며 아무 이유 없이 웃는 일이 많았다.

부드러운 능선과 벌판 사이 외따로 서있는 집, 멀리 보이는 대관람차를 한참 바라보곤 했다. 아무 말 없이, 담담하게 바라보게 되는 풍경이었다.

공기에서 그리워질 것 같은 냄새가 났다.
그리움의 방향으로, 언젠가 우리는 다시 떠날 것이다.

Biei

- 켄과메리의나무
- 메루루
- 팡코보코무기바타케
- 랜드카페
- 호쿠세이노오카전망공원
- 제루부의언덕
- 마일드세븐언덕
- 아루우노파인
- 오쿠노산보미치
- 코애루
- 비에이센카
- 다방사잔카
- 알프롯지
- 아스페르쥬
- 비에이역
- 준페이
- 세븐스타나무
- 오야코나무
- 비브레
- 신에이노오카
- 메르헨노오카
- 피크닉
- 크리스마스트리나무
- 카페드라페
- 팜레스토랑치요다
- 버치
- 비바우시역
- 리카로카카페
- 다쿠신칸
- 아오이이케
- 사계채의언덕
- 시로히게폭포
- 하나시치요카페
- 미야마토우게전망대
- 가미후라노플라워랜드
- 가미후라노역
- 히노데공원
- 팜도미타
- 도미타멜론하우스
- 포푸라팜
- 라벤더바타케역
- 나카후라노역
- 시카우치역
- 캄파나롯카테이
- 가쿠텐역
- 닝구르테라스
- 모리노토케이카페
- 마사야
- 후라노역
- 포레스트뷰
- 후라노마르쉐
- 후라노치즈공방

주소와 표지판 대신 야트막한 언덕과 들판 사이에 서있는 나무가 이정표가 되는 비에이는 조용한 시골 마을이다. 쌀과 밀, 옥수수와 감자 등의 작물과 채소가 엉그는 논과 밭의 경계가 마치 패치워크된 것처럼 보이는 들과 각종 광고에 등장한 나무들, 갖가지 꽃이 무지개처럼 피어나는 언덕과 아름다운 풍광을 한눈에 바라볼 수 있는 언덕 위 전망대. 화려한 궁전이나 박물관 대신 비에이의 지도에 등장하는 것은 이렇게 수수하고 소박한 자연이다. 다소 심심하기까지 한 풍경은, 그러나 묘하게 작은 울림을 준다. 청아한 여름 풍경 못지않게 고요한 설경도 아름다워 겨울에 비에이를 찾는 여행객도 많다. 비에이란 지명은 '기름기가 도는 강' 또는 '흐린 강'을 의미하는 아이누어 '피이에'에서 유래했다.

 삿포로에서 비에이 가기

JR삿포로 역에서 특급열차로 아사히카와 도착(약 2시간 25분 소요), 비에이 행 보통열차로 환승해서 비에이 도착(약 30분 소요). 라벤더 철에는 비에이 행 보통열차 대신 노롯코 열차를 이용해도 된다.
6월~10월에 삿포로 역에서 후라노 역까지 직행하는 라벤더익스프레스(약 2시간 소요)가 있으나 운행일과 운행 편수가 적으므로 홈페이지 www.jrhokkaido.co.jp에서 확인 후 예매해야 한다. 삿포로-후라노간 고속버스는 1일 10회 운영하며 약 2시간 30분 소요된다.

 여행 방법

관광버스
관광버스를 이용해 투어를 하면 삿포로에서 비에이까지 이동과 비에이 내 관광이 연결되어 편리하다. 홈페이지 teikan.chuo-bus.co.jp/ko에서 예약. 일본뿐 아니라 한국에서 운영하는 비에이 • 후라노 1일 투어 코스도 많다.

트윙클버스
JR열차 티켓 소지자에 한해 유료로 예약할 수 있는 관광버스. 예약은 신치토세 공항 여행정보센터나 홋카이도 주요 역의 트윙클 플라자에서 가능. 차 내에 가이드가 있고 한국어 설명서가 비치되어 있다. 비에이의 주요 관광지를 도는 세 가지 코스가 있고, 각 코스마다 80분~100분 정도 소요된다.

자전거
비에이 역 근처 자전거 렌털숍에서 자전거를 대여할 수 있다. 비에이는 언덕이 많아서 일반 자전거보다는 산악자전거나 전동자전거가 적합하다.

택시
비에이 역 앞에 정차된 택시를 이용하면 되지만 성수기에는 택시 잡기가 힘들 수도 있다. www.biei.org/biei-hire에서 예약을 하면 코스와 시간, 요금을 선택할 수 있어 편리하다.

렌터카
원하는 곳을 느긋하게 여행하는 데는 렌터카가 가장 적합하다. 아사히카와 역, 비에이 역, 후라노 역에 렌터카 영업소가 운영 중이며, 삿포로에서부터 렌터카를 이용하는 방법도 있다.

나무의 방향으로

비에이 여행은 사람들이 으레 그러하듯 나무들을 찾아다니는 것으로 시작한다. 박물관도 궁전도 아닌 나무를 보러 다니는 여행이라니 좀 우습기도 하지만, 어떤 편인가 하면 이 단순하고 헐거운 여행의 지도가 제법 마음에 들었다. 나무의 방향으로, 우리는 간다.
우선 켄과 메리의 나무다. 막 연애를 시작한 연인처럼 포플러 나무는 풋풋해 보인다. 켄과 메리는 1972년부터 시작된 일본 자동차 광고 시리즈의 주인공으로, 포플러 나무가 나온 광고는 1976년에 방영된 <지도 없는 여행>편. 이 광고에서 나란히 선 자신들의 모습과 닮은 나무를 켄과 메리는 조용히 바라본다. 그나저나 두 사람도 이젠 노인이 됐겠군요.

켄과 메리의 나무 W A Y 비에이 역에서 차로 5분
ケンとメリの木 MAPCODE 389 071 727

여행자의 세포

숫자와 약물 기호 몇 개로 조합된 맵코드를 누르자 첨단기술이 우리를 몹시 아날로그적인 풍경에 데려다준다. 들판 사이에 서있는 잎이 무성한 떡갈나무 앞에는 1976년 세븐스타 담배 패키지에 등장했다는 팻말이 서있다. 지금으로부터 수십 년 전, 구글맵도 내비게이션도 없이 사람들은 어떻게 나무를 찾아다녔을까. 다행히 밭으로 일 나가던 주민이 길을 알려줬을지도 모른다. 그도 아니라면 들꽃 피어난 벌판을 직관이나 본능, 혹은 태양이 가리키는 방향으로 뚜벅뚜벅 걸었겠지. 그것도 괜찮을 것 같다. 우리에게는 오래된 여행자의 세포가 남아 있다. 하늘이 기막히게 푸르다.

세븐스타 나무 　ᵂ ᴬ ʸ 　비에이 역에서 차로 5분
セブンスタの木　ᴹᴬᴾᶜᴼᴰᴱ 389 157 129

이름 없이도

초록 들판 위로 조르르 서있는 낙엽송들은 마일드세븐 담배 광고에 등장했다고 한다. 눈을 돌리자 아, 하는 작은 탄성이 터져 나왔다.

처음에는 이름 있는 나무들을 분주히 찾아다녔지만 이내 그럴 필요가 조금도 없다는 걸 우리는 눈치 챘다. 들판 사이로 난 길을 느긋이 달리다 마음에 드는 곳에 멈춰 걷다가 다시 떠났다. 아름답지 않은 곳이 없었다. 이름 없이도, 모든 곳이 아름다웠다.

마일드세븐 나무
マイルドセブンの木

WAY 비에이 역에서 차로 5분
MAPCODE 389 036 599

부모와 아이의 나무

아주 오랜 시간이 흐른 뒤, 사진을 들춰보면 과연 큰 나무 사이에 작은 나무가 서 있는 모습이 부모가 아이를 안고 있는 듯한 모습이었구나, 하고 기억날 지도 모르겠다. 하지만 그보다는 – 나무를 보러 가는 길에 우리 앞을 웃으며 달려가던 아버지와 어린 아들, 우리를 감싼 투명하고 부드러운 공기와 두런두런 이야기를 나누던 우리의 모습, 그때 우리가 나눴던 대화의 내용은 기억나지 않지만, 무언가 즐겁고 좋은 이야기를 했던 그날의 풍경들이 살며시 내 안에 남아있어 어느 날 문득 떠올라 미소 짓게 한다.

오야코 나무　WAY 비에이 역에서 차로 15분
親子の木　MAPCODE 389 128 033

여행의 이유

겨울에 보면 더 근사하겠구나 싶었다. 다시 비에이에 올 이유가 하나 더 늘었다.

크리스마스 나무　　^{W A Y} 비에이 역에서 차로 15분
クリスマスツリーの木　　MAPCODE 349 788 146

붉은 지붕이 있는 풍경

'목가적'이라는 단어를 사전에서 찾아봤다. 농촌처럼 소박하고 평화로우며 서정적인, 또는 그런 것. 이런 뜻도 있다. 소박하여 전원다운 맛이 있는 것. 아마도 이런 풍경이겠지. 저 멀리 펼쳐진 풍경. 푸르스름한 새벽빛과 새소리에 일어나 땀 흘려 일군 것으로 소박한 식사를 하고 만원 버스나 지하철에서 시달리거나 두려워하는 일 없이 밤하늘의 별을 올려다보고 내일의 날씨를 짐작해보며 잠이 드는 삶. 언젠가 살아보고 싶지만, 아마도 그리 될 수 없으리라는 예감이 드는 풍경. 아름다운 동화 속 장면 같아서 메르헨노오카라고 불리는 풍경은 아카이야네노아루오카, 붉은 지붕이 있는 언덕이라고도 불린다. 신에이노오카에서 보면 초록 벌판 한가운데 붉은 지붕 집이 있는 목가적인 풍경을 사진에 담을 수 있다.

메르헨노오카 W A Y 비에이 역에서 차로 10분
メルヘンの丘 MAPCODE 349 790 677

몇 겹으로 이어진 능선 너머

노란 해바라기의 언덕을 기대하고 올랐지만 무더위 때문에 꽃은 고개를 떨군 후였다. 볏짚 인형들은 좀 억울한 표정. 물론 너희 탓은 아니지. 유독 여름이 무더웠다. 겨자 색과 연두, 초록색이 패치워크된 부드럽고 유순한 능선을 타고 시원한 바람이 불어왔다. 일몰이 아름다운 언덕이라고 했다. 해가 지는 방향으로 가만히 고개를 돌린다. 평원과 숲 너머 멀리 토카치다케 산이 보인다.

신에이노오카 비에이 역에서 차로 10분
新栄の丘 MAPCODE 349 790 676

내려오는 길에 예쁜 철길을 만났다.
아마 어딘가 그리운 곳으로 데려다 주겠지.

언덕의 양 목장

홋카이도 양을 처음 접하게 된 것은 하루키의 소설 <양을 쫓는 모험>에서였다. 나무를 보러 달려가는 길, 동생이 차창 밖을 가리키며 말했다. 저기 뭔가 몽실몽실한 게 잔뜩 있어. 얼굴이 검고 털이 북실북실한 홋카이도 양을 그렇게 조우하게 되었다. 한가롭게, 라는 부사가 이보다 더 잘 어울리는 동물이 있을까. 넓은 초원 위에서 풀을 뜯는 양은 관객 따위는 아랑곳없이 유유자적하다. 농장의 한쪽에는 아이스크림을 파는 작은 매장이 있다. 양젖으로 만들었으려나 했지만, 양과 함께 기르고 있는 젖소에서 난 우유로 만든 아이스크림이라고. 아이스크림을 하나씩 들고 다시 양을 구경한다. 징기스칸이란 요리를 만나 홋카이도 양에 흠뻑 빠질 앞날의 운명은 조금도 예측하지 못한 채, 홋카이도 양은 박력이 넘치는 얼굴인데도 묘하게 귀엽네, 하고 감탄하는 평화로운 날이었다.

오쿠노산보미치
丘のさんぽ道

WAY 비에이 역에서 차로 10분
ADD 上川郡美瑛町大村村山
TEL 080-2877-4605
OPEN 9:30~17

누군가를 위한

차를 달리고 있을 때 갑자기 구름이 갈라지며 한줄기 광선이 쏟아져, 그 빛이 닿는 언덕이 영롱하게 빛났다. 방금 본 것 같았다. 천상의 화원. 황급히 차를 달렸다. '사계절 색의 언덕'이라는 뜻의 이름을 지닌 언덕은 갖가지 꽃이 만발해, 담대하고 상상력 풍부한 디자이너의 오뜨꾸뛰르 드레스 같다. 혹은 그대로 하늘까지 닿을 듯한 거대한 무지개 같기도 하다. 꽃. 어디를 봐도 꽃. 이렇게 호사스러운 풍경에 사연 하나 정도 있음직하다. 한 여자를 너무도 사모하던 남자가 내 이 언덕 가득 꽃이 활짝 피는 날 당신에게 구애하겠소, 결심하고 열심히 언덕을 일구고 꽃씨를 심고 가꿔 드디어 온 언덕에 꽃이 피어났으나 여자는 내막을 전혀 알지 못한 채 딴 남자랑 결혼해서 잘 먹고 잘 살았고, 아차차 그 사실을 알고 난 남자는 슬퍼하다 그만 롤군이 되었고 사람들은 남자를 위로하기 위해 옆에 롤짱을 만들어 세워 두었다는 이야기 같은 것. 물론 어디까지나 제 상상일 뿐입니다. 시키사이노오카의 입장은 무료지만 관리 비용으로 1인 200엔 상당의 모금을 부탁한다는 안내문이 있다. 이 정도의 수고라면 아깝지 않을 비용인 듯싶다.

사계채의 언덕
四季彩の丘

WAY 비에이 역에서 차로 10분
ADD 上川郡美瑛町新星第三
TEL 0166-95-2758
OPEN 4월~5월・10월 9~17
6월~9월 8:30~18
3월・11월 9~16:30
12월~2월 9~16
WEB www.shikisainooka.jp
MAPCODE 349 701 160

바람의 노래를 들어라

시야를 가로막는 건물과 움츠린 하늘 대신, 탁 트인 풍경이 펼쳐진다. 이런 풍경을 있다는 걸, 아주 오랫동안 잊고 살았다. 전망대를 내려와 사람들이 미처 발견하지 못하고 떠난 메밀밭 주변을 거닐었다. 아름답다는 말도, 좋다는 말도 필요 없었다. 풍경을 바라보다 잠시 카메라 셔터를 눌렀을 뿐.

호쿠세이노오카
전망공원
北西の丘展望公園

WAY 비에이 역에서 차로 5분
ADD 上川郡美瑛町大久保協生
TEL 0166-92-4445
MAPCODE 389 070 315

여름으로 가는 문

아루우노파인
あるうのぱいん

WAY 비에이 역에서 차로 7분
ADD 上川郡美瑛町大村村山
TEL 0166-92-3229
OPEN 11~17
CLOSE 목·금
WEB www.geocities.jp/aruu_no_pain

부드러운 언덕 위에 위치한 마을은 내가 떠나온 도시보다 한결 서늘했지만 여름의 색은 강렬하고 선명했다. 군더더기 없는 햇살, 풍요로운 숲, 입자 하나하나가 눈에 보이는 것 같은 청량한 공기. 초록 벌판을 쭉 달리면 그대로 푸른 하늘에 가닿을 것 같은 길. 그 길 사이에 예쁜 카페가 하나 있다. 카페는 하루 종일 빈자리가 없을 정도로 인기 있다. 카페에 딸린 작은 잡화점을 구경하고 정원의 고양이와 놀고 있는데 빈자리가 났다고 점원이 부른다. 아침마다 구워내는 빵이 맛있다는데 이미 다 팔리고 없었다. 우리가 주문한 메뉴는 치즈 퐁듀, 비에이 우유로 만든 치즈를 이용한 인기 메뉴다. 부드럽게 녹은 치즈에 소시지와 구운 채소를 찍어 먹는다. 풍성하고 신선한 비에이의 맛이 입안에 퍼진다. 문득 고개를 드니 저만치 여름 한 자락이 뚝 잘려 걸려 있었다.

피크닉의 기분, 소곤소곤 샌드위치

잠시 머무는 여행지에서 좋아하는 카페를 찾고, 다시 가고 싶은 밥집을 만들어 내 마음 속의 단골을 만드는 것은 일상과 별로 다르지 않은 일이지만 내 여행은 그런 식이다. 각자 자기만의 여행법이 있고 그렇게 자기만의 지도를 갖게 된다. 작은 숲이 우거진 뜰을 따라 들어간 카페 안은 상냥한 공기와 맛있는 냄새가 기분 좋게 떠다닌다. 주방과 홀을 오가며 손님을 맞고 요리를 하는 부부는 번잡한 도시를 떠나 비에이에 정착해 그들이 그리던 느리고 조용한 삶을 살고 있다. 메뉴는 심플하다. 비에이의 제철 채소를 듬뿍 넣은 햄버거와 샌드위치, 그리고 산뜻한 맛의 수프. 아보카도 샌드위치에도 눈이 가고, 달걀을 넣은 햄버거도 먹고 싶어 메뉴판을 들고 고민한다. 여기 정말 맛있어. 동생이 비밀 이야기라도 하듯, 소곤소곤 말해준다. 작은 바스켓에 담겨져 나온 햄버거를 들고 한입 베어 물자, 저절로 눈이 크게 떠진다. 동생이 그럴 줄 알았다는 듯이 씩 웃는다. 마당에는 우리가 좋아하는 것으로 가득 차 있다. 햇살, 나무, 꽃, 라벤더와 민트, 깨끗한 식탁보를 씌운 테이블, 커피, 작은 웃음소리. 손님, 햄버거 나왔어요, 하고 부르는 소리. 가만히 설레는 피크닉의 기분.

피크닉
picnic

- W A Y 시로가네 온천 쪽 966번 국도
- A D D 上川郡美瑛町美沢共生
- T E L 0166-92-5919
- O P E N 11~15
- C L O S E 5월~9월 목, 10월~4월 수~금, 부정기 휴무일이 있으니 방문 전에 홈페이지에서 확인
- W E B picnicbiei.blogspot.kr

낭만에 대하여

이런 곳에서 살고 싶다는 생각이 들었다. 상상은 날개를 펴고 제 멋대로 달려가기 시작한다. 여간해서는 잘 찾아올 수 없는 풍경 좋은 곳에, 어디선가 본 빈약한 정보에 의지해 수고스럽게 찾아와, 드디어 왔다는 기쁨으로 얼굴이 빛나는 손님들이 많지는 않지만 딱 좋을 정도로 차는 아담한 카페를 열고 싶다. 마당에는 꽃을 심고 주변에는 작은 텃밭을 일궈 옥수수와 토마토, 허브를 키웠으면 좋겠다. 집은 삼각형 지붕을 올릴 것이다. 그런 상상이 그대로 실현된 곳이 바로 랜드 카페다. 카페의 구석에 '농사를 짓고 있어서 저와 남편 모두 밭에 있을 때가 있으니, 아무도 없더라도 조금만 기다려 주세요'란 메모가 붙어 있다. 직접 재배한 채소와 작물로 정성들여 음식을 차려내는, 그들의 성실한 삶이 그려진다. 카페의 주인은 농장을 운영하는 독일인 남편과 일본인 아내로, 시어머니의 레시피로 만든 독일식 가정 요리를 낸다. 신선한 채소와 포근포근한 감자를 곁들인 소시지 요리는 소박하지만 든든한 한 끼가 된다. 이런 곳에 살면 아름다운 풍경도 심상해질까. 살아보지 않으면 모를 일이다.

랜드 카페
Land Cafe

- WAY 비에이 역에서 차로 10분
- ADD 上川郡美瑛町美田第2
- TEL 0166-92-5800
- OPEN 10~17(런치 11~14)
- CLOSE 화·수
- WEB biei-landcafe.jimdo.com
- MAPCODE 389 064 226*04

티티새의 양과자점

자작나무 숲 옆, 수수한 꽃이 피어있는 정원을 지나 딸랑, 하는 소리와 함께 조용히 문이 열리고 진한 마루가 깔린 단정한 찻집, 햇살 좋은 창가 자리에 앉는다. 사브레와 마들렌, 초콜릿 파운드케이크. 갓 구운 스콘에서 햇살 냄새가 난다. 조르르 차를 따르니 꽃과 과일 향이 담담하게 풍긴다. 어째서 이렇게 좋은 것일까. 창밖에서 조용히 새소리가 들린다. 메루루는 프랑스어로 '티티새'란 뜻이다.

메루루
Merle

WAY 비에이 역에서 차로 7분
ADD 上川郡美瑛町美田第3
TEL 0166-92-5317
OPEN 13~18・주말 11~18
CLOSE 화・수
WEB www.merle-de-biei.com

자작나무의 카페

바람이 나뭇잎 안쪽을 천천히 쓸고 지나가자 마당은 온통 은빛으로 반짝였다. 흩날리는 빛 조각 사이로 보이는 삼각 지붕의 나무집. 하얀 문은 다정하게 열려 있다. 귀여운 그림과 상냥한 설명이 적혀있는 메뉴판을 읽으려 하지만 창밖에 흔들리는 눈부신 초록과 어룽거리는 빛에 마음이 빼앗겨 집중이 되지 않는다. 어차피 먹고 싶은 것은 정해 두었다. 비프스튜를 먹을 참이다. 버치의 주인 역시 도시 생활을 정리하고 비에이에 정착한 이주민이다. 주변의 땅에서 난 신선하고 건강한 먹거리로 정성스럽게 음식을 만들어낸다. 주문한 음식이 나왔다. 햄버거스테이크와 오므라이스, 그리고 유에프오 하나. 뚜껑도 드세요. 유에프오 먹는 법을 주인이 친절히 설명해준다. 갈색으로 부풀어 오른 뚜껑을 스푼으로 살며시 두드려 여니 뜨거운 김이 살포시 솟아오른다. 스튜를 한입 가득 떠 먹자 마음이 부드러워지고 만다. 암, 비프스튜는 이래야지, 하는 뭉근하고 진하고 풍부한 맛. 창밖엔 자작나무가 조용히 흔들린다.

버치
バーチ

W A Y 비에이 역에서 차로 15분
A D D 上川郡美瑛町美沢美生
T E L 0166-92-1120
O P E N 11~16:45(L.O)
C L O S E 수요일 • 11월~4월 수~금
W E B birch.hokkaido.jp

빵의 성격

빵에도 성격이 있을 것 같다. 팥빵은 원만하고 진득한 성격일 것 같고 크림빵은 친절하지만 왠지 의뭉스러울 것 같고 사라다빵은 약간 철딱서니가 없고 크로와상은 어딘가 모르게 좀 잘난 체 하는 구석이 있고 식빵은 덤덤하고 바게트는 까칠하지만 알고 보면 속은 부드러운 스타일일 것 같다. 어디까지나 내 느낌이다. 눈치 챘는지 모르겠지만 빵을 좋아한다. 실은 빵이라면 사족을 못 쓴다. 초록 들판 사이에 맛있는 빵집이 있다고 해서 찾아가 보았다. '빵공방 밀밭' 이란 이름의 작은 빵집은 홋카이도산 밀가루에 천연효모를 이용해 건강한 빵을 구워낸다. 오후에 들렸더니 남은 빵이 거의 없어서 바게트만 한 개 사서 나왔다. 숙소 창가에 얌전히 두었다가 다음날 아침으로 먹은 바게트는 속 깊고 다정한 맛이었다.

팡코보
코무기바타케
パン工房
小麦畑

WAY 비에이 역에서 차로 10분
ADD 上川郡美瑛町大村大久保協生859-457
TEL 0166-92-5455
OPEN 3월~11월 9~17, 12월~2월 9~16
CLOSE 4월~9월 수 · 세 번째 목요일
10월~3월 수 · 목

밀의 노래, 햇살의 빵

빵가게 앞으로는 추수가 끝난 밀밭이 내다 보였다. 비에이의 햇살을 듬뿍 받고 땅속의 영양분과 물을 빨아들여 쑥쑥 자라난 밀이 매장 선반에 가지런히 진열된 빵이 됐겠구나 생각하니 더욱 사랑스럽게 보였다. 크로와상 몇 개와 비에이 옥수수와 감자를 넣은 큼직한 빵을 샀다. 비브레는 예전에 학교였던 건물을 개조해 호텔과 레스토랑으로 운영하고 있다. 레스토랑 입구에 작은 빵집이 있다. 바삭바삭 부서지는 크로와상은 좋은 버터를 썼구나 하는 생각이 들었고 감자 빵은 진득하면서도 고소한 맛이 매력적이었다. 가장 흥미로웠던 건 옥수수 빵. 거친 느낌과 풍미가 씹을 때마다 톡톡 터지는 옥수수의 단맛과 어우러지는 소박한 맛이 좋았다.

비브레
bi.ble

WAY 비에이 역에서 차로 10분
ADD 上川郡美瑛町北瑛第2
TEL 0166-92-8100
OPEN 10~품절시, 11월~3월 11~품절시
CLOSE 화요일, 11월~3월 월~목
WEB bi-ble.jp

등 뒤의 기억

카페는 울창한 자작나무 숲을 한참 따라 들어간 안쪽에 있었다. 묘한 기분이 들었다. 묘한 것을 좋아하는 편이다.
불현듯 공기가 달라졌다. 잎사귀가 서로 맞부딪쳐 사르락거리는 소리와 매미소리, 새소리가 한데 섞여 머리 위에서 쏟아져 내린다. 올려다보니 눈앞이 아득해진다. 빛이 달라붙은 눈썹 사이로 유독 푸르고 밝은 하늘이 보인다.
예쁜 식탁보가 깔린 테이블, 풍경이 그림이 되는 창가 자리에 앉았다. 산속의 작은 별장, 아늑한 다락방. 카페는 어딘지 모르게 이국적인 느낌이 난다. 여행을 좋아한 주인은 북아프리카 지중해를 따라 펼쳐진 오렌지와 올리브 언덕에 반해 마음에 품게 되었다. 살아보고 싶다고 생각했던 풍광을 이곳 비에이에서 발견하고 이주해 야산을 사서 숲을 가꾸고 집을 지어 카페를 냈다. 카페의 대표 메뉴는 녹인 치즈에 소시지와 채소 등을 찍어 먹는 스위스 전통 요리, 라클렛이다. 옆 자리의 가족이 즐겁게 라클렛을 먹는 것을 보니 구미가 당겼지만 점심은 가볍게 먹기로 하고 돼지고기 요리와 태국식 커리를 주문했다. 어느 것이나 행복한 맛이 났다. 하지만 그보다 우리가 기억하게 될 것은 숲이 우거진 등 뒤의 풍경, 그날 우리를 감싼 묘하고 아름다운 공기일 것이다.

카페 드 라페
Cafe
de la paix

W A Y 비에이 역에서 차로 20분
A D D 上川郡美瑛町美沢希望19線
T E L 0166-92-3489
O P E N 10~18
C L O S E 목요일
W E B cafedelapaix-biei.com

여름의 목장

그곳에 들어서자마자 높고 맑은 웃음소리가 들려왔다. 잔디밭을 달리는 아이들, 조금은 두려우면서도 용기를 내어 먹이를 주려고 아기 염소에게 다가가는 꼬마, 양산을 쓰고 산책하는 연인. 뭐니 뭐니 해도 아이스크림 가게가 제일 인기다. 작은 축제라도 벌어진 듯, 즐거운 기분이 가득한 목장. 우리는 이곳에 점심을 먹으러 왔다.

후레아이 목장에서 운영하는 팜 레스토랑 치요다는 비에이산 쇠고기와 채소를 주재료로 하는 요리를 낸다. 스테이크와 스튜, 카레와 수프커리 등, 음식의 종류가 다양하고 우유를 이용한 디저트와 유제품도 판매한다. 눈앞에 소를 두고 어떻게 고기 요리를 먹을 수가 있냐, 라고 생각했던 것은 잠시. 비에이 쇠고기가 참 맛있더군요. 네, 인간은 참으로 잔인한 존재죠. 식당은 조용하기만 한 여느 비에이 가게와 달리 관광객이 많고 북적이지만 제대로 된 음식을 내놓는다. 좋은 재료와 운영자의 겸손과 적당한 자부심, 그것이 오랫동안 사랑받는 가게의 비결일 것이다.

팜레스토랑
치요다
Farm
Restaurant
Chiyoda

W A Y 비에이 역에서 차로 15분
A D D 上川郡美瑛町春日台4221
T E L 0166-92-1718
O P E N 4월~12월 11~20, 1월~3월 11~16
W E B www.f-chiyoda.com

삶은, 때로는

비에이의 아름다운 풍광을 세상에 널리 알린 이는 풍경 사진가 마에다 신조였다. 17년 동안의 평범한 직장 생활을 그만두고 본격적으로 카메라를 들기 시작한 게 그의 나이 40대, 마흔여덟 살에 일본 종단 여행을 하다 그 길에서 비에이와 후라노를 발견하고 사진에 담기 시작한다. 다쿠신칸은 마에다 신조가 촬영한 비에이의 사진을 전시한 갤러리다. 마에다 신조가 세상을 떠난 후 그의 아들 마에다 아키라 씨가 아버지의 뒤를 이어 작품 활동을 하고 있다. 자작나무 숲으로 둘러싸인 갤러리는 그의 사진처럼 꾸민 구석 없이 소박하고 아름답다. 해가 뜨고 지고, 맑거나 안개가 끼거나 혹은 바람이 부는 날, 꽃이 피고 초록이 무성해지고 어느새 눈이 내려 무채색으로 바뀌는 풍광을 담담하게 담아낸 사진은 자연 앞에 선 성실한 한 사람을 떠올리게 해, 뭔지 모를 작은 울림을 준다. 내부는 촬영이 금지되어 있어 대신 그의 사진 엽서 몇 장을 샀다. 갤러리에서 나와 자작나무 숲을 걸었다. 산다는 건 무언가, 이렇게 사는 것이 맞는 것일까, 그런 생각을 잠시 했던 것 같다.

다쿠신칸 拓真館	WAY 비에이 역에서 차로 15분 ADD 上川郡美瑛町字拓進 TEL 0166-92-3355 OPEN 5월~10월 9~17, 11월~4월 10~16 CLOSE 동절기 부정휴 MAPCODE 349 704 272

우연이 빚은 푸르름

차를 주차하고 걷다 여기가 맞나 할 때쯤 갑자기 나타난 호수. 아오이이케, 청의 호수다. 1988년 화산 분화가 일어난 후, 화산 피해를 막기 위해 공사했던 곳에 근처 강과 흰 수염 폭포에서 흘러온 물이 고여 만들어진 호수라고 하니 인공 호수라기보다는 우연이 만들어낸 호수라고 할 수 있겠다. 호수는 오묘하고도 영롱한 푸른빛을 띠고 있다. 유황과 알루미늄이 포함된 물이 섞이면서 우리 눈에는 보이지 않는 콜로이드 입자가 만들어지고 그것이 빛에 반사되고 산란되면서 신비로운 푸른색을 띈다고 하지만 물색에 대한 명확한 이유는 밝혀지지 않았다고 한다. 호수 안에 서있는 마른 나무와 묘한 물빛이 어우러진 풍경은 판타지 영화의 배경에 딱 맞을 만큼 환상적으로 보인다. 2010년부터 공개되기 시작해 비에이 관광의 필수 코스가 되었다는 명성에 걸맞게 고요하던 호수 주변이 막 관광버스에서 내린 관광객 무리로 소란스러워졌다. 세상에는 얼마나 많은 아름다운 곳이 숨죽여 비밀스럽게 존재하고 있을까. 아마 그곳은 사람의 발길이 닿지 않은 곳이겠지.

아오이이케 WAY 비에이 역에서 시로카네 온천 방향 차로 20분
青い池 ADD 北海道美瑛町白金
        MAPCODE 349 568 888

흰 수염 폭포

초록 절벽 사이로 하얀 폭포가 푸른 강 위로 떨어진다. 다리 난간에서 고개를 내미니 멀리서 불어온 바람이 시원한 물방울을 뺨에 흩뿌리고 달아난다.

시로히게 폭포
しらひげの滝

WAY 비에이 역에서 시로카네 온천 방향 차로 20분
ADD 上川郡美瑛町字白金
MAPCODE 796 182 572

꿈이 되는 꿈

비에이에서 묵는다는 건, 유명한 호텔 대신 목가적인 풍경 속 통나무 집에서 하룻밤을 보낸다는 것. 스케치북에 그리곤 했던 세모난 지붕 아래 하늘로 난 커다란 창이 있는 방에서 조용히 잠을 청한다는 것. 와인소스를 뿌린 햄버그 스테이크와 신선한 채소로 차려낸 저녁을 먹고, 책으로 가득찬 책장에서 오랜 고민 끝에 골라낸 책 한권을 들고 벽난로 곁에 앉아 혼자만의 시간에 빠질 수 있다는 것. 곁을 지키지만 쓸데 없는 참견은 하지 않는 주인장의 배려와 욕조의 따뜻한 물로 따끈해진 몸으로 포근한 깃털 이불 속으로 쏙 들어가는 순간. 꿈을 꾸듯 행복한 시간을 보낸다는 것.

알프롯지
ALP-
LODGE

W A Y 비에이 역에서 차로 10분
A D D 上川郡美瑛町大村大久保協生
T E L 0166-92-1136
W E B www.alp-lodge.com

비에이 역

조용한 시골 마을의 작은 역. 기차역에 가면 늘 긴장해버리지만 햇살 비치는 창가에 마을에서 발간되는 작은 여행책자와 지역 신문이 가지런히 놓여 있던 비에이 역은 마을 도서관처럼 차분한 분위기라 전광판보다는 어쩨 창밖을 멍하니 바라보게 되었다. 전광판이 있었나, 기억이 가물가물하다.

TEL 0166-92-1854
ADD 上川郡美瑛町本町1丁目
MAPCODE 389 011 626

세모의 마을

건물이 태어난 해를 숫자로 표시해둔 마을. 장을 보거나 편의점에서 아이스크림을 사기 위해 들르기도 했지만 가끔은 차에서 내려 동네 안쪽을 걸어 다니곤 했다. 조용하고 깨끗한, 작은 마을이 마음에 들었기 때문이다.

채소의 기분

당근이라는 게 참 예쁜 거구나. 내 말에 동생이 답했다. 그렇게 말하면 토마토가 섭하대. 결국 그날 당근과 토마토는 나란히 장바구니에 담겼다. 옥수수도 따라왔다는 후문입니다.

비에이 센카는 일본의 농협, JA(Japan Agricultural Cooperatives) 비에이에서 운영하는 곳으로 깔끔한 건물 안에 마켓과 공방, 레스토랑이 있다. 마켓에서는 비에이에서 수확한 농산물과 이를 이용해 만든 식품을 판매한다. 단정하게 진열된 채소와 과일이 어느 것이나 신선하고 탐스러워 보여 마구 욕심이 난다. 작은 공방에서는 빵과 케이크, 유제품 등을 판매하고 있다. 우리는 이곳에 종종 들러 채소를 사거나 아이스크림을 사먹기도 하고 용기가 예쁜 비에이 우유를 구입하기도 했다. 내가 좋아했던 다이스밀크를 맛보고 동생은 묘한 표정을 지었다. 고소하고 달콤한 분유 맛이었습니다만.

비에이 센카
美瑛選果

WAY 비에이 역에서 도보 15분
ADD 上川郡美瑛町大町2丁目
TEL 0166-92-4400
OPEN 4월·5월·9월·10월 9:30~17, 6월~8월 9~18,
11월~3월 10~17
CLOSE 12월 30일~1월 5일
WEB bieisenka.jp

비에이의 밭, 홋카이도의 눈

비에이 센카에 있는 프렌치 레스토랑 아스페르쥬에서는 비에이의 식재료를 이용한 근사한 코스 요리를 즐길 수 있다. 어느 것이나 만족스러웠지만 가장 좋았던 건 샐러드. 하얀 접시에 비에이에서 자란 스무 가지 채소를 풍성하게 올린 샐러드의 이름은 '비에이의 밭'. 채소를 입에 넣고 깨물자 웃을 수밖에 없는, 달콤하고 싱싱한 맛이 톡톡 터진다. 비에이의 햇살과 초록 들판을 통째로 맛본 기분이다. 극히 단순한 요리일 뿐인데 왜 이렇게 특별한 맛이 나는 걸까. 음식과 공기의 친화도가 높아 자연스럽게 좋은 표정을 짓는 것이리라. 이번에는 홋카이도의 눈이 등장한다. 설탕가루처럼 부드럽고 깃털처럼 폭신한 요리는 '살며시 쌓인 눈'이라는 이름의 감자퓌레, 입에 넣자마자 스르르 녹는다. 참으로 아름답고 상큼한 식사였다. 식당은 미슐랭 원스타에 올라있고, 아스페르쥬는 프랑스어로 '아스파라거스'란 뜻이다.

아스페르쥬
Asperges

- WAY 비에이 역에서 도보 15분
- ADD 上川郡美瑛町大町2 丁目
- TEL 0166-92-5522
- OPEN 런치 11~14:30, 티타임 14:30~16, 디너 17~19
- CLOSE 수요일(7월은 무휴),12월~3월 휴업, 11월은 토·일요일만 영업
- WEB bieisenka.jp

큼직한 새우튀김

비에이 역 근처 식당 중 관광객들이 가장 많이 찾는 곳이다. 큼직한 새우튀김을 올린 에비동이 인기 메뉴, 미소수프와 샐러드가 함께 나온다. 돈까스와 히레까스 등의 튀김 요리가 주고 카레를 곁들인 메뉴도 있다. 파르페와 아이스크림 등의 디저트도 있다. 점심시간에는 손님이 많아 줄을 서기도 한다.

준페이
じゅんぺい

W A Y   비에이 역에서 도보 15분
A D D   上川郡美瑛町本町4丁目4-10
T E L   0166-92-1028
O P E N   점심 10:30~15 · 저녁 17~20(L.O 19:30)
C L O S E   월요일
W E B   biei-junpei.com

카레우동의 부러움

코에루는 일본 가정식을 파는 식당으로, 메뉴가 다양하다. 비에이에서는 카레우동을 맛봐야 한다고 들은 적 있다. 통통한 우동 면을 넣어 끓인 카레우동을 후후 불며 먹는 걸 좋아한다. 그런데 이곳의 카레우동은 내 짐작과는 달리 면과 카레가 따로 나와 면을 카레에 찍어 먹는 스타일이다. 카레도 맛있었지만 탱글탱글한 면발이 좋았고 면 위에 올려진 채소튀김은 뭐, 이렇게 맛있을 필요가 있나 싶을 정도였다. 입가심으로 곁들여 나온 우유를 꿀꺽꿀꺽 마셨다. 동생이 주문한 오븐카레우동에는 디저트로 푸딩이 나와서 좀 부러웠다. 한 입만.

코에루
こえる

WAY 비에이 역에서 도보 3분
ADD 上川郡美瑛町大町1丁目1-7
TEL 0166-92-5531
OPEN 런치 11~14:30·저녁 17:30~21
(티타임 15~17)
CLOSE 화요일
WEB www.biei-koeru.jp

여분의 카페

아무 것도 정하지 않고 정보도 없이 가본 카페. 시간도 남았으니, 시간이나 때울까 하고.
햇살이 길게 스며드는 창가자리.
침묵만이 채운 공간에 커피 내리는 희미한 소리와 진한 커피 냄새.
이것은 덤으로 얻은 시간. 여분의 자리가 준 작은 기쁨. 아마도 이런 것이 여행이지, 싶다.

다방 사잔카
喫茶 ササンカ

WAY 비에이 역에서 도보 15분
ADD 上川郡美瑛町中町1-3-33
TEL 0166-92-4092
OPEN 9~22
CLOSE 일요일

마츠리의 밤

조용하던 비에이 시내가 술렁인다. 비에이 역부터 큰길과 골목까지 등불이 걸리고 노점에서 고기 굽는 연기가 피어난다. 마츠리가 시작되었다. 기모노를 어여쁘게 입은 아이들과 소녀들이 손을 잡고 즐거이 재잘거리고 광장에서 둥둥둥, 북 소리가 울렸다. 맛있는 냄새가 가득 퍼지고 와 하는 함성 소리가 터져 나오자 흥분은 최고조에 오른다. 비에이의 주민들이 죄다 나온 것 같다. 상인과 손님은 모두 서로 잘 아는 사이라 인사를 나누고 웃음과 덤이 오가는 흥겨운 마을 잔치 같았다. 우리는 야끼소바와 꼬치구이, 라멘을 사서 생맥주 한 잔씩 들고 길거리에 앉아 꿀꺽꿀꺽 마시고 먹었다. 거기선 다 그랬다. 마츠리의 밤이다.

지나다 본 풍경

지도에 나오지 않는 평범한 풍경도 어느 곳 하나 아름답지 않은 곳이 없다. 이런 곳에 살아봤으면. 비에이에서는 늘 그런 생각을 하였다.

무인 판매대

아름다워서 멈춰선 길가에 스머프의 집 같은 건물 하나가 있었다. 살짝 들여다보니 무인 판매대였다. 얌전히 담겨 있는 감자 한 봉지에 백 엔, 아삭한 맛이 날 것 같은 그린빈 한 봉지도 백 엔. 다 먹지도 못할 텐데, 욕심이 난다. 이렇게 예쁜 채소를 가꾼 농부는 분명 순한 얼굴을 하고 있을 것 같다.

길가의 채소 가게

숙소로 가는 길가에는 수완 좋은 아줌마가 하는 채소 가게가 있었다. 손님을 구워삶는 영악함과는 거리가 멀다. 목소리는 명랑하고 한눈에도 씩씩해 보인다. 늘 고민 많은 우리가 머뭇거리고 있으면 싹싹하게 설명해주고 조리법도 일러준다. 옥수수 한단은 너무 많고, 옥수수를 사서 쪄먹을 수 있을까 망설이고 있으면 귀신같이 알아채고 비에이 옥수수는 생으로 먹어도 맛있지만 마침 쪄놓은 옥수수가 있으니 반반 섞어서 사가라고 우리의 고민을 말끔하게 해결해준다.

WAY	피크닉에서 차로 5분
ADD	美瑛町美沢共生
TEL	0166-92-0946
OPEN	9~17
WEB	www.biei.com/sawajiri

가게를 나오는 우리 손에는 토마토 한 봉지, 양상추 한 단, 생 옥수수와 따뜻한 찐 옥수수가 들려있다. 조금 구워삶아진 건지도 모르겠다.

잠시 빌려 쓴 작은 집

숙소는 나무로 지은 세모의 집이었다. 우거진 숲 깊숙이 위치해 있어, 숙소를 찾아가던 첫날밤에는 으, 무서워, 하고 조금 떨었지만 다음날 아침, 창밖에 무성한 자작나무를 본 순간 기쁨이 조용히 밀려들었다. 산들산들 흔들리는 이파리 사이로 비쳐드는 녹색 여린 햇살이 유순한 나무가 깔린 마루와 흰 벽, 접시를 포개어둔 선반 구석까지 닿아 빛나는 것을 보니 아주 예전부터 이곳에 살았던 기분이 들었다. 창을 열자 냄새도 색도 분명 다른 공기가 집안으로 스며들었다. 이 집이 마음에 들 것 같은 생각이 들었다.

아침에는 토마토와 옥수수, 소박한 빵과 밀크잼, 우유로 식탁을 차렸다. 모두 비에이의 들판이 우리에게 준 것이었다. 이웃 마을 후라노의 멜론이 끼기도 했다. 간소한 식사였지만 차려내고 먹는 행위 모두 소중하고 즐거웠다. 일상에서는 드문 반짝반짝하는 시간. 저녁이면 동네 마트에서 세일을 노려 산 초밥을 먹고 맥주를 마시며 아무 것도 아닌 이야기를 하며 웃었다. 하루 동안 찍은 사진을 같이 보고 내일은 어디에 가볼까, 두런두런 이야기를 나누다 깜빡 잠이 들기도 했다. 이렇게 살면 성자 아니면 바보가 될지도 모른다는 생각이 드는, 무위의 나날이었다. 내일의 날씨를 점치기 위해 밤하늘을 올려다보는 것이 하루의 마지막 일과였다. 사방은 고요하고 어둑한 공기 속에서 막 내린 이슬과 풀잎의 성싱한 향이 풍겨왔다. 다행이다. 내일은 맑을 것 같다. 밤하늘에 별이 많았다.

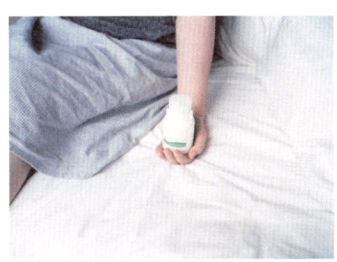

여행에서 돌아온 다음날 아침, 얼마나 조용한 곳에 있다 왔는지 알았다. 그곳은 새소리와 초록빛이 흔들리는 소리만이 존재하는 곳. 그곳에서 며칠, 우리는 살다 왔다.

Furano

여름, 후라노는 보라색 물결로 넘실댄다. 야트막한 언덕과 들판 가득 피어난 라벤더는 일본 영화와 드라마의 무대로 등장하며 수많은 관광객이 후라노를 찾게 되었다. 요정이 살고 있을 듯한 숲과 빛이 연하게 스며든 작은 공방, 숲의 시간이 고요히 흐르는 찻집. 부드러운 언덕과 들판, 그 사이로 난 단정한 길로 불어오는 시원한 바람과 언제까지나 바라보고 싶은 푸르고 맑은 하늘. 초록 들판을 지나 온 노롯코 열차 앞으로 왈칵 보랏빛이 밀려든다.

비에이에서 후라노 가기

비에이 역에서 보통열차를 이용하거나 라벤더가 피는 6월부터 8월 간 아사히카와에서 비에이를 거쳐 후라노까지 운행하는 노롯코 열차를 이용. 노롯코 열차가 임시 정차하는 라벤더바타케 역에서 내리면 팜도미타까지 걸어갈 수 있다.

여행 방법

관광버스
관광버스 이용, teikan.chuo-bus.co.jp/ko에서 삿포로에서 출발하는 비에이·후라노 1일 투어 예약.

쿠루루 버스
여름에만 운영하는 관광버스로, 티켓 한 장으로 후라노의 주요 관광지를 수시로 타고 내리며 돌아볼 수 있다. 후라노 치즈 공방과 킷센 등을 들르는 코스와 팜 도미타와 캄파나 롯카테이 등을 들르는 두 가지 코스가 있다. 1일권과 2일권 중 선택 가능, 홋카이도 내 JR 매표소나 후라노·비에이 관광센터에서 구입할 수 있다.

자전거
후라노 역 근처 자전거 렌털숍에서 자전거를 대여할 수 있다.

택시
후라노 역 앞에 정차된 택시를 이용하거나 전화로 예약(0167-22-5001, personal.furano.ne.jp/ftaxi).

렌터카
후라노 역에 렌터카 영업소가 운영 중이다.

노롯코 열차

'기간 한정'이란 말에 약하다. 기간 한정의 벚꽃 당고와 무화과 타르트, 수박 빙수. 어쩜 전부 먹을 것뿐이지만 모든 것에 그런 때가 있다. 그 시기가 아니면 안 되는, 그 시기에 가장 넘치는 생명력으로 활짝 피어나는, 아름다운 찰나의 순간. 여름의 한가운데, 수수하고 조용한 시골 마을 후라노는 라벤더가 일제히 피어나 보랏빛 물결로 일렁인다. 여름 한철, 노롯코 열차가 라벤더의 들판으로 달린다. 기간 한정의 열차다.

노롯코는 '느릿느릿'이라는 뜻의 '노로노로のろのろ'와 윗부분이 개방된 열차 '토롯코トロッコ'가 더해진 단어. 노롯코 열차가 내세우는 최대 매력은 '일본에서 제일 느린 열차'다. 느릿느릿 달리며 아사히카와에서 비에이를 거쳐 후라노까지의 풍광을 구경하는 것이다. 라벤더가 피는 6월부터 8월 간 꽘도미타 부근 간이역, 라벤더바타케 역에 열차가 임시 정차한다.

기차가 달리기 시작한다.
차창으로 시원한 바람이 불어온다.
덜컹덜컹, 기차는 보랏빛 물결 속으로 달려간다.

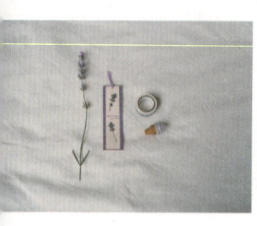  

일렁이는 보라

노롯코 열차를 타고 보랏빛 꽃이 피어난 농장에 도착한다. 여름 한낮의 햇살에 반짝반짝 빛나는 연보라의 물결. 눈을 가늘게 뜨고 도무지 믿을 수 없는 환상의 세계에 발을 내딛는다. 우선은 라벤더 아이스크림을 먹기로 했다. 상큼한 맛이 입안에 퍼진다. 라벤더의 맛.

후라노가 라벤더의 고장이 된 데는 팜 도미타가 중심에 있었다. 인구가 감소하는 농촌 마을 후라노에 도미타 여사가 라벤더를 가꾸기 시작한 것이 1903년, 부침이 많아 농사를 접으려던 때도 있었으나 1976년 JR홋카이도 열차 달력에 팜 도미타 사진이 실리며 농장이 알려지고, 1981년부터 방영된 드라마에 후라노가 배경으로 등장하며 관광객이 몰려들게 되었다. 6월 말부터 피기 시작하는 라벤더는 7월 중순에 절정에 이른다. 물을 많이 쓴 수채화 같은 풍경 사이로 가만히 코를 대보면 우리 아가 조카들이 목욕을 하고 나와 바르는 파우더 냄새가 날 것 같다. 꽃이 가득 핀 농장을 거닐다보면 라벤더 오일이나 에센스, 비누 같은 것을 사지 않고 배길 수 없다.

팜 도미타
ファーム富田

WAY 라벤더바타케 역에서 도보 10분,
나카후라노 역에서 도보 25분
ADD 空知郡中富良野町基線北15
TEL 0167-39-3939
OPEN 7월~8월 8:30~18,
5・6・9월 8:30~17,
10월~4월 9:30~16:30
CLOSE 숍과 카페 일부는 11월~5월 휴업
WEB www.farm-tomita.co.jp
MAPCODE 349 276 829

달고 차가운 맛

푸른 하늘에 둥실 떠오른 멜론 풍선에 마음이 빼앗겨 버렸다. 스르르 따라가 보니 어느 새 멜론 조각이 담긴 접시를 야무지게 쥐고 있다. 속이 노란 유바리 멜론은 홋카이도 특산품이다.
잘 익은 과육이 입안에서 거짓말처럼 사르르 녹는다. 말랐던 목이 주르르 축축해진다.

도미타
멜론 하우스
Tomita
Melon House

W A Y 팜 도미타 입구
A D D 空知郡中富良野町宮町3-32
T E L 0167-39-3333
OPEN 9~17
CLOSE 10월~5월
W E B tomita-m.co.jp

여름, 산타의 수염

네가 없는 세상은 웃지 않는 산타클로스, 빛나지 않는 코의 루돌프. 아이스크림을 올린 멜론을 먹으니 갑자기 애니메이션의 주제곡이 떠올랐습니다. 너의 이름은. 산타의 수염. 한여름에 만나는 산타의 선물 같은 맛. 하나 더 시켜 먹었습니다.

포푸라 팜
ポプラファーム

WAY 팜도미타에서 차로 5분
ADD 空知郡中富良野町東1線北18
TEL 0167-44-2033
OPEN 9~17
CLOSE 11월~3월
WEB popurafarm.com
MAPCODE 349 308 869*10

요정의 숲

짧은 비가 그치고 나자 하얗게 안개가 피어나는 숲 사이로 작은 통나무집들이 보였다. 요정이 살고 있겠지.

어떤 곳에 가보고 싶다는 여행욕旅行慾을 불러일으키는 이유는 다양하다. 어디선가 본 한 장의 사진, 책, 혹은 영화. 일본인들을 후라노로 불러들인 건 드라마일지도 모르겠다. 1981년부터 2002년까지 방영된 인기 드라마 <북쪽의 나라에서>의 배경이 바로 후라노였다. 일본판 <전원일기>쯤 되는 드라마로, 자연 속에서 살아가는 가족들의 삶을 그렸다. 드라마의 대본을 쓴 작가 구라모토 소는 아름다운 풍광에 반해 아예 후라노로 이주해 살았다. 구라모토 소는 <닝구르>라는 소설을 쓰기도 했는데, 소설에 등장하는 닝구르는 아이누어로 '숲을 지키는 작은 사람'을 가리킨다. 닝구르테라스는 닝구르들이 모여 사는 마을을 모티브로 한 곳으로, 구라모토 소가 기획해서 만들어졌다. 숲속 15채의 통나무집은 예술가들이 조용히 작업을 하며 전시와 판매를 하는 공방이다. 우리는 수줍은 요정들이 놀라지 않도록 조심히 숲속을 걸었다. 귀를 기울이면 나무 뒤에서 키득키득 웃는 소리가 들리는 것 같았다.

닝구르테라스
ニングルテラス

WAY 후라노 역에서 차로 15분
ADD 富良野市中御料
TEL 0167-22-1111
OPEN 12~20:45, 7월·8월 10~20:45
MAPCODE 919 553 421*24

숲의 시계

숲의 안쪽으로 들어가면 운치 있는 찻집이 하나 나온다. 일본 드라마 <다정한 시간>에 나왔던 찻집으로, 역시 구라모토 소가 쓴 작품이다. 드라마의 내용은 이렇다. 갑작스러운 아내의 죽음 이후, 상실감에 빠진 남자가 홋카이도로 이주해 숲속에 찻집을 내고 찾아오는 사람들과 대화를 나누며 점차 상처를 치유하고 소원해졌던 아들과도 화해한다는 이야기다. 드라마에서 마스터가 커피를 내려주던 바에 앉으면 손님이 직접 원두를 갈 수 있게 원두와 핸드밀을 내준다. 곱게 간 원두를 돌려주면 마스터는 천천히 커피를 내리며 두런두런 손님들과 대화를 나눈다. 조급해하지도, 서두를 것도 없다. 숲의 시간이 고요히 흐르는 동안, 커피는 조용히 제 향과 맛을 찾아간다.

카페 입구에는 바에 앉기 위해 기다리는 손님이 많았다. 우리는 바 대신 숲을 곁에 두고 앉는다. 주문한 커피와 'First snow', 'Real snow', 'Melting snow'란 아름다운 이름 사이에서 고민하다 고른 케이크가 나왔다. 작명 센스만 좋은 게 아니구나 싶었다. 겨울 숲속 진녹색 나무 위에 소담히 쌓인 눈을 살며시 베어 먹은 기분이었다. 창밖의 숲에는 푸르스름한 어둠이 내리고 있다. 좀 더 이렇게 앉아 있고 싶다. 조금 식은 커피는 여전히 다정한 맛이다.

모리노토케이 WAY 닝구르테라스 안쪽
카페   ADD 富良野市中御料
珈琲 森の時計   TEL 0167-22-1111
              OPEN 12~20:45

치즈의 오후

공방은 한적한 곳에 있었다. 생각해 보니 후라노는 그랬다. 사람보다는 나무와 숲과 들이 압도적으로 많은 곳. 복잡하고 분주한 시간에서 살며시 떨어져 나온 것 같은 장소. 후라노 치즈 공방은 후라노에서 생산된 우유로 치즈와 유제품을 만들어 판다. 피자와 아이스크림 공방도 함께 있다. 유리창 너머로 치즈가 만들어지는 과정을 구경하다 시식용 치즈를 맛보고 치즈 한 덩이를 구입했다. 깨끗한 들판에서 좋은 풀을 잔뜩 먹고 자란 젖소의 등처럼 부드러운 치즈는 우리가 바구니에 담아온 소박한 빵과 잘 어울릴 것 같았다. 후라노 우유도 한 병 샀다. 돌로 지어진 외관과 달리 밝은 색의 나무를 이용한 공방 내부는 온화한 느낌이 든다. 마름모꼴 창문 너머 울창한 나무 사이로 비쳐든 햇살이 살며시 춤을 춘다. 사실, 우리가 치즈 공방에 온 이유는 따로 있다. 공방을 나가면 근사한 자작나무 숲이 있다.

후라노
치즈 공방
富良野
チーズ工房

WAY 후라노 역에서 차로 5분
ADD 富良野市中五区
TEL 0167-23-1156
OPEN 4월~10월 9~17, 11월~3월 9~16
CLOSE 12월 31일~1월 3일
WEB www.furano-cheese.jp
MAPCODE 550 840 059*55

자고 일어나 창문을 열어보니 숲에서 싱싱한 냄새가 솟구쳐 오른다. 새벽에 잠깐 비가 온 모양이다. 마당의 들꽃은 가만히 꽃잎을 열고 조용히 새소리가 들려온다. 피크닉 가고 싶은 날이다. 깨끗한 잔디가 펼쳐져 있고 보기 좋은 나무가 서늘한 그늘을 드리운 곳. 그곳에선 아무 것도 하지 않아도 좋겠다. 낮잠을 한숨 자는 것도 괜찮겠다. 자고 일어나면 우유를 꿀꺽꿀꺽 마시고 토마토를 하나 깨물어 먹을 것이다. 순하고 부드러운 풀밭의 오후.

여름, 넘치는 햇살, 풍요로운 숲. 공기 입자 하나하나가 생기를 품고 있다.
어디를 둘러보아도 초록빛이다.

바람의 언덕에 서서

무슨 이유에서인지 동생과 나는 조금 다퉜고 그 때문에 우리는 한동안 입을 꼭 다문 채 고개를 돌리고 있었다. 더위와 피로, 잘못 든 길, 뭐, 그런 사소한 이유 때문이었을 것이다. 여행에서는 으레 그런 법이다. 눈에 콩깍지가 씐 연인이라도 위기의 순간이 한두 번은 온다. 하물며 가족은 서로 사랑하기에도, 싸우기에도 가장 만만한 존재들 아닌가. 그런데 언덕에 오른 순간.
결국은 참지 못하고 말해 버렸다.
참 예쁘다.
그러게.
동생이 대답해줬다.
우리는 언덕에 서서 잠자코 풍경을 바라보았다. 우리의 침묵은 통하고 있다. 말이 필요 없는 풍경 앞에서.

가미후라노
플라워 랜드
フラワーランド
上富良野

WAY 가미후라노 역에서 차로 10분
ADD 空知郡上富良野町西5線北27
TEL 0167-45-9480
OPEN 4월~5월·9월~11월 9~17,
6월~8월 9~18, 12월~3월 9~16
WEB flower-land.co.jp
MAPCODE 349 518 415

포도밭 옆 과자점

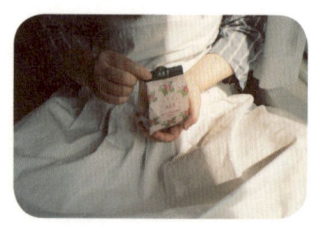

삿포로와 오타루에서도 갔고 치토세 공항점까지 살뜰히 이용했으니 더 이상의 롯카테이 방문은 자제하자고 마음먹었으나 포도밭을 앞에 둔 과자점이라면 이야기가 달라진다. 캄파나 롯카테이는 과자점 옆에 서있는 종탑 때문에 붙여진 이름이다. 캄파나는 이탈리아어로 종을 뜻하는 말. 천장은 높고 기둥 없이 툭 트인 매장 삼면을 둘러싼 창밖으로 푸른 포도밭이 펼쳐져 있고 멀리 후라노가 한눈에 보이는 공간에 가지런히 놓인 과자들. 이건 아름답자고 작정한 풍경이 틀림없다.

캄파나
롯카테이
カンパーナ
六花亭

WAY 후라노 역에서 차로 10분
ADD 富良野市清水山
TEL 0167-39-0006
OPEN 9~17 (카페 10~16)
CLOSE 12월~2월 (카페 11월 초~4월 중순)
WEB www.rokkatei.co.jp/facilities/campana

그때, 종소리가 울려 퍼졌다

흐드러진 라벤더는 보지 못했지만 하얀 종탑이 서있는 풍경은 충분히 아름다웠다. 석양이 물들기 시작했다. 바람이 불자 맑은 종소리가 울려 퍼졌다.

히노데 공원
日の出公園

WAY 후라노 역에서 차로 30분
ADD 上富良野町東1線北27
TEL 0167-39-4200
WEB www.kamifurano.jp
MAPCODE 349 463 374

각설탕의 마을

귀여운 사각형의 건물이 이웃해 있는 한적한 거리에 긴 그림자가 드리워졌다. 저녁이 되면 돌아가고 싶고 간소한 저녁을 먹고 고양이의 등을 가만가만 쓰다듬으며 하루 동안의 피로와 사람과 일로부터 받은 상처를 다독이고 또 하루를 살 자그마한 힘과 위로를 받는 곳, 우리는 그곳을 집이라 부를 것이다. 이 도시에도 그런 삶이 있으리라. 우리는 작은 도시를 조금 걸었고 해바라기 화분이 문 앞에 놓인 어느 작은 집에서 풍겨 나오는 냄새를 맡자 중얼거렸다. 이제, 저녁 먹으러 가자.

엄격한 카레

후라노에서는 오므카레, 메뉴 선정에 이견이 없었다. 오므카레란 오믈렛과 카레를 합한 말로, 후라노만의 특별 요리. 오므카레에 대한 후라노 시의 각별한 애정이랄까, 자부심이랄까 하는 것이 느껴지는데, 후라노 시가 인정하는 오므카레가 되기 위해서는 지켜야할 규칙이 있기 때문이다. 우선 음식에 사용하는 쌀, 달걀, 채소와 고기는 물론 버터와 치즈, 와인 등 모든 재료가 후라노 산이어야 하고 후식으로 후라노 우유를 곁들여야 하며 천 엔 내외로 음식을 제공해야 한다. 이 까다로운 조건을 모두 통과해야만 후라노 시가 인정한다는 표시의 '웰컴 투 후라노' 깃발을 꽂을 수 있다(이 깃발을 반드시 오므카레 중앙에 꽂아야 하는 것도 규칙에 포함된다). 우리가 찾은 가게에서 과연 이 규칙에 조금도 어긋나지 않은, 노란 깃발을 당당하게 꽂은 오므카레를 만났다. 사실 오믈렛과 카레의 조합이란 웬만해선 맛없기 힘들지만 부들부들한 오믈렛과 진득한 카레의 밸런스가 딱 좋았다. 엄격한 규칙을 통과한 기특한 녀석이니까요.

마사야
まさ屋

WAY 후라노 역에서 도보 5분
ADD 富良野市日の出町 11-15
TEL 0167-23-4464
OPEN 11:30~14:30, 17~21:30
CLOSE 목요일
WEB furanomasaya.com

내일의 여행이 기대되는

후라노에서 빌린 집은, 숲에 면한 커다란 창가에 식탁이 있었다. 나무를 보며 아침을 먹을 수 있다는 사실에 들뜬 우리는 바로 역 앞 가게로.
깨끗이 씻어 껍질째 깨물어 먹을 사과와 후라노 우유와 요쿠르트, 하얀 달걀과 도저히 잠들지 못할 것 같은 오늘 밤의 나를 위하여 맥주와 라면. 먹을 수 있을지 모르겠지만 먹어보고 싶은 홋카이도 산 식재료들로 무거워진 봉투의 손잡이를 한 쪽씩 나누어 들고 집으로 돌아오는 길. 야구부 소년들과 선생님을 따라 줄지어 걸어가는 유치원의 아기들, 심지어 레이스 커튼을 드리운 남의 집 창문마저 모든 것이 사랑스럽다. 평소에도 늘 하는 장보기도 즐겁게 만드는 여행지의 공기에는 무엇이 포함되어 있는 걸까. 의미 없는 대화도 즐거운 지금, 내일의 여행은 더욱 기다려졌다.

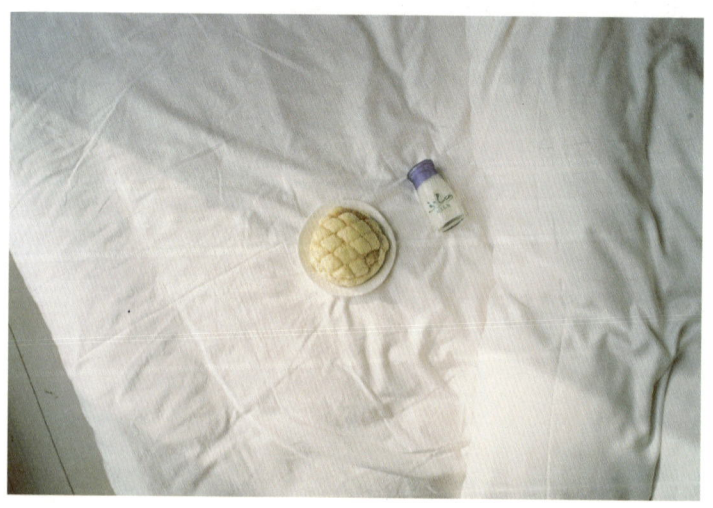

포레스트뷰
Forest View

W A Y 후라노 역에서 차로 10분
A D D 富良野市北の峰町16-45
T E L 0167-22-3667
W E B www.furanoforestview.com

작은 그네를 탄 행복

숲 사이로 난 오솔길 끝, 작고 다정한 빵집 리카로카. 문을 열고 들어가니 선반에 빵이 얼마 남아 있지 않다. 아직은 괜찮아요, 하듯 선반 너머로 주인이 얼굴을 내밀고 살며시 웃는다. 리카로카는 젊은 부부가 빵을 굽고 간단한 음식과 음료를 내는 작은 가게다. 빵과 샐러드, 수프로 구성된 런치 메뉴가 인기지만 베이글과 커피를 주문한다. 점심은 이미 먹었기 때문이다. 갓 구운 베이글에 차가운 버터를 큼직하게 뚝 떼어 바르고 팥을 올려 한입 가득 베문다. 온도도 감촉도 다른 고소함이 입안에서 부드럽게 섞인다. 하지만 눈은 창가 자리의 손님들에게로 자꾸만 향한다. 그들이 먹고 있는 런치메뉴를 보는 것이다. 좀 전에 먹었던 점심은 소화됐다기보다 스윽 사라진 것 같다. 그것을 '여행자의 식탐'이라고 우리 자매는 부르고 있다. 여행이 끝나고 나면 추억과 함께 몇 킬로그램의 살을 얻게 된다. 음식이 아니라 저 자리가 부러운 것이라고 애써 변명을 하며 베이글을 마저 먹는다.

고개를 돌리자 창밖에 그네를 타는 아이들이 보인다. 햇살은 반짝이고 들판 위로 뭉게구름이 피어오른다. 이런 풍경을 보려고 우리는 굳이 짐을 싸고 돈과 시간을 들여 여행하는 거겠지.

리카로카 카페
Likka Lokka

W A Y 비바우시 역에서 150미터
A D D 上川郡美瑛町美馬牛南1-5-50
T E L 0166-73-4865
O P E N 10~17
C L O S E 일·월
W E B blogs.yahoo.co.jp/likkalokka152

카페, 꽃, 고등어

관광객들이 잠시 서성이다 사진을 찍고 떠나는 롤러코스터 로드 끝에는 꽃의 이름을 가진 카페가 하나 있다. 연녹색 가지가 시원하게 뻗은 나무 아래, 소담한 꽃이 가득 핀 정원을 지나 들어간 카페에는 드라이플라워와 예쁜 소품이 가득 놓여 있어, 찾아보면 끊임없이 신기하고 아름다운 것들이 나오는 할머니의 다락방 같다. 주문한 음식을 기다리는 사이 물건을 구경하다 후라노의 집을 닮은 작은 집 모형을 구입했다. 이로써 내게는 치앙마이와 포지타노, 스웨덴, 탈린의 집이 생겼다. 이런 걸 자꾸 사서 내 집 마련의 꿈은 점점 멀어진다 싶지만 일단은 내 손에 들어온 앙증맞은 기념품에 흐뭇해져 버리고 만다. '하나 정식'이라는 런치 메뉴가 나왔다. 홋카이도 쌀로 지은 밥과 된장국, 인근 농가에서 난 채소로 만든 반찬과 노릇하게 구운 고등어 한 토막. 소박하지만 재료 본연의 맛이 살아있는 든든한 한끼다. 카페의 주인은 오사카에서 이주해 이곳 후라노에 정착해서 꽃을 가꾸고 케이크를 굽고 카페와 작은 숙소를 운영하며 조용하고 충만한 삶을 살고 있다.

하나 시치요 카페	WAY	비바우시 역에서 차로 7분
hana sichiyo	ADD	空知郡上富良野町西11線北34号
	TEL	0167-45-2292
	OPEN	11~17(런치 11~15)
	CLOSE	화요일
	WEB	www.hana.sichiyo.com

전망대 옆 대관람차

길을 달리면 저 멀리 들판 사이로 대관람차가 보였다. 타러 갈 생각은 없었지만 대관람차가 보이면 웬일인지 마음이 푸근해지고 안도감이 들었다. 잘 들여다보지는 않지만 집안 풍경의 일부가 된 벽의 그림처럼. 어느새 익숙해진 것이다. 몹시 화창한 날, 대관람차를 타러 가야겠다는 생각이 문득 들었다.
대관람차는 한가하게 돌아가고 옆에 있는 트릭아트뮤지엄에 방문자는 뜸했지만 작은 가게들에서 옥수수와 햄버거 패티 굽는 냄새가 풍겼다. 사람들은 잠시 차를 멈추고 서서 한동안 같은 방향을 바라보다 떠났다. 바람이 불어오는 곳에 서자 눈앞에 근사한 풍경이 펼쳐졌다.

미야마토우게
전망대
深山峠

WAY 가미후라노 역에서 차로 15분
ADD 空知郡上富良野町西8線北33号深山峠
MAPCODE 349 669 127

그곳에 있는 내내 꿈속을 여행하는 기분이었다.
어쩌면 여행은 우리가 꿀 수 있는 가장 행복한 꿈인지도 모른다.

Sapporo

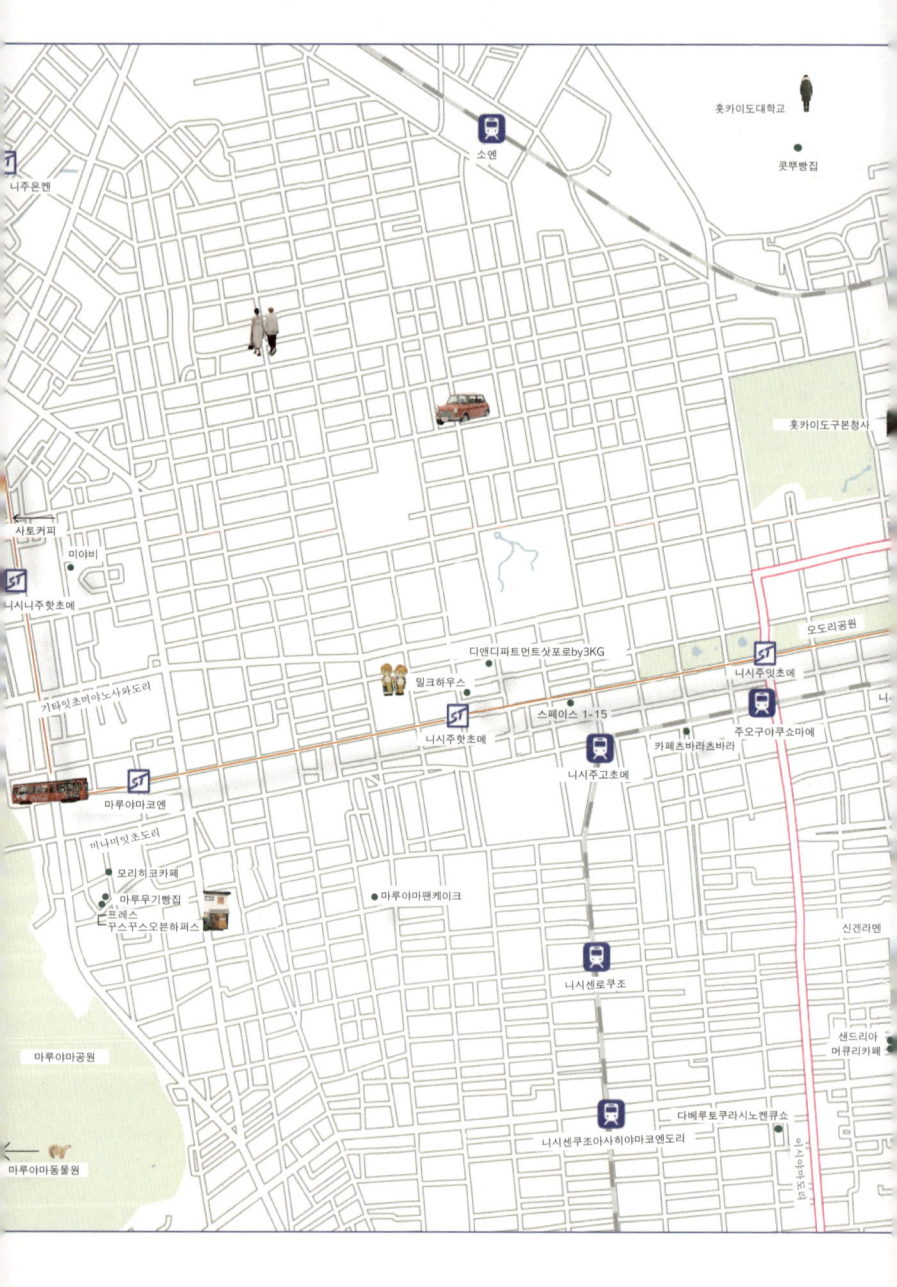

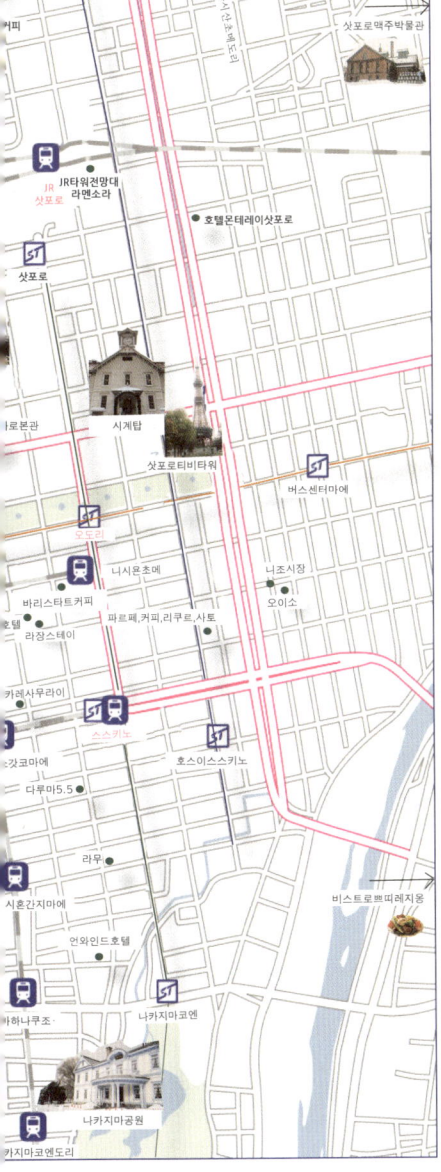

삿포로는 1869년 메이지 정부의 홋카이도 개척 사업으로 만들어진 도시다. 거리는 바둑판처럼 단정하게 정리되어 있고 미국식 도시 계획으로 조성된 도시는 묘한 이국적인 풍취가 느껴진다. 1972년 동계올림픽대회 개최를 계기로 지하철·지하상가·지역난방이 완공되며 자연이 준 선물이자 악재였던 눈이 최대의 관광 상품으로 떠올랐다. 해마다 겨울이면 눈 축제가 열려 여행객들이 몰려들어 도시는 조용한 흥분으로 들뜬다. 도시의 곳곳에는 공원과 숲이 있고 성실하게 매일 문을 열고 닫는 작고 믿음직스러운 가게가 있어 산책하듯 돌아보고 싶어진다. 눈 덮인 겨울, 도시는 어느 때보다 아름다워진다. 사박사박, 하얀 눈을 밟고 우리는 이국의 도시를 여행한다.

공항에서 시내까지

신치토세 공항에서 삿포로 시내까지 JR열차(36분 소요) 또는 리무진 버스(70분 소요)를 이용해 삿포로 역에 도착한다.

대중 교통

지하철
삿포로 시내는 웬만한 곳은 도보로 이동 가능하나 다소 먼 곳은 지하철을 이용하면 편리하다. 난보쿠선, 도자이선, 도호선 3개의 노선으로 이어져 있고 대개 오전 6시부터 밤 12시까지 운행된다. 삿포로 역에서 스스키노 역까지 200엔, 원데이 패스는 어른 830엔, 어린이 420엔이므로 이동이 많은 날 구입하면 경제적이다.

버스
일본의 버스는 뒷문으로 승차하고 요금은 앞문으로 내릴 때 내면 된다. 어른 요금은 210엔, 미리 잔돈을 준비하는 게 좋다.

노면 전차
스스키노 남서쪽 24개 역을 순환하는 노면 전차는 거리를 천천히 달리며 삿포로 시내 주요 관광지에 정차한다. 요금은 어른 170엔, 어린이 90엔.

창밖은 눈, 고양이의 수프

커튼을 걷고 창밖을 내다본다. 밤새 내린 눈이 지붕 위에 쌓여 있다.
침대로 돌아와 이불을 머리부터 뒤집어쓴다. 온몸을 감싸는 이불의 감촉이 좋다. 포근한 눈 속에 폭 싸인 기분이다. 사각사각 소리를 내며 하얀 길을 걷는 꿈을, 간밤에 꾸었다.
게으른 고양이처럼 침대에 앉아 김이 오르는 수프를 먹는다.
수프의 온기가 몸속에 뭉근히 퍼져나간다.
푸르고 서늘한 아침이 스며든다.

요정의 방문

문을 열어보자 방문 앞에 피크닉 바구니가 놓여 있다. 깊은 숲속에서 나와 하얀 눈 덮인 길을 달려온 요정이 몰래 다녀간 상상을 해본다. 바구니 안에는 – 뜨거운 수프를 담은 보온병과 빵, 커피와 주스가 단정하게 담겨있다.
아름다운 공원 근처에 위치한 아담한 호텔의 콘셉트는 캠핑. 웰컴 드링크로 내준 따뜻한 애플사이더를 홀짝이던 아늑한 로비에는 장작이 쌓여있고 벽난로가 좋은 냄새를 풍기며 타닥타닥 타고 있다.
커피 드리퍼에 끓는 물을 붓자 나직이 웅얼거리는 소리를 낸다. 서서히 방안에 커피 향이 퍼진다. 문득 피크닉 가고 싶어진다. 진녹색 침엽수가 많은 곳, 뾰족뾰족한 잎에 하얀 눈이 가득 쌓여 있는 곳. 멀지 않은 곳에 그런 장소를 알고 있다. 우선은, 커피를 마실 것이다.

언와인드 호텔
Unwind Hotel

- WAY 지하철 나카지마코엔 역 도보 4분
- ADD 札幌市中央区南8条西5丁目289-111
- TEL 011-530-6050
- WEB www.hotel-unwind.com

나카지마 공원
中島公園

WAY 지하철 나카지마코엔 역 3번 출구 도보 3분
ADD 札幌市中央区中島公園1
TEL 011-511-3924
WEB www.sapporo-park.or.jp/nakajima

공원의 마법

아침의 공원은 신선한 햇살에 말갛게 빛나고 있었다. 봄과 여름이면 조용히 나부끼는 버드나무 그늘 아래 작은 배가 떠다니고, 가을이면 단풍이 아름답게 물든다는 호수는 흰 눈 아래 사라졌다. 아직 아무도 밟지 않은 눈 위에 발자국을 남기느라 강아지가 분주하다.
진녹색 나무 사이로 푸른 색 아이싱으로 장식한 생크림 케이크 같은 건물이 보인다. 호헤이칸이다. 메이지 시대에 천황의 숙소로 지어진 서양식 호텔이었던 호헤이칸은 나카지마 공원으로 옮겨진 뒤 공연장과 시민들의 결혼식장으로 이용되다 지금은 박물관으로 공개되고 있다. 호헤이칸 앞에서 작은 눈사람을 만나 잠시 인사한 뒤, 저 멀리 불시착한 작은 우주선 같은 물체를 향해 걸음을 옮긴다. 즐거운 소리가 들려왔기 때문이다.

그곳에서 우리가 무얼 했냐면.
하얀 눈 위를 달리며 눈썰매를 탔다.
웃음소리가 푸른 공기 속에 흩어졌다.

싸락싸락, 빗자루로 눈을 치우다 다소 수줍게 말을 거는 아저씨를 만났다면 당신은 운이 좋다. 그가 권하는 것을 절대 거절해서는 안 된다. 그는 삭고 지친 어른을 단숨에 어린애로 돌려놓는 마법사다. 우주선처럼 생긴 천문대를 지키는 일을 주로 하지만 겨울이면 기꺼이 마법의 도구를 빌려준다. 그것은 눈썰매, 게다가 공짜다.

불가항력의 샌드위치

숙소 근처에 24시간 영업한다는 샌드위치집이 있었다. 24시간 영업이라니, 샌드위치가 자다가도 생각나는 음식은 아니잖아, 했다가 한 입 먹어보고 생각을 바꿨다.
이곳에서 샌드위치를 사서 봄이면 꽃이 아름답게 핀다는 공원에 소풍가면 좋겠구나 싶었다.

샌드리아
Sandria

- WAY 지하철 나카지마코엔 역에서 도보 10분
- ADD 札幌市中央区南8条西9丁目758-14
- TEL 011-512-5993
- OPEN 24시간
- WEB www.s-sandwich.com

예측 불허의 기쁨

다방, 외에는 더 어울리는 이름을 찾을 수 없는 곳에 갔다. 간판에는 커피숍이라고 적혀 있었다. 다방, 이라고 하면 떠오르는 풍경. 진한 체리목과 오래된 벽시계, 구석의 연통 달린 난로, 단골손님이 홀로 앉아 담배를 피우며 신문을 읽다 문득 생각난 듯 커피 한 모금을 마시는 곳. 상상 그대로의 장면이었다. 언 몸이나 녹일까 하고, 우연히 들어간 곳이었다. 그런데.
뭔가 스르르한 분위기, 이런 게 좋다.
녹는다고나 할까 떠돈다고나 할까. 완전히 동화되지는 않지만 어쩐지 편해지는, 스르르한 느낌. 별 기대 없이 주문한 커피는 깜짝 놀랄 만큼 맛있고 토스트는 감동스러웠다.

머큐리 카페　　WAY　샌드리아 옆
マーキュリー　　ADD　札幌市中央区南8条西9丁目
　　　　　　　　TEL　011-531-6795

흰 눈 내리는 백곰의 오후

동물원에 도착하니 눈이 펑펑 쏟아지기 시작했다.
윤리적으로는 동물원에 반대하지만 동물원에 대한 좋은 추억이 많다. 어렸을 때 부모와 자매와 함께 갔고 나이 들어서는 토끼 같고 다람쥐 같은 조카들 손 잡고 기꺼이 동물원에 간다. 홋카이도의 북쪽, 아사히카와에는 '기적의 동물원'이라 불리는 유명한 아사히야마 동물원이 있다. 그에 비하면 마루야마 동물원은 부러 찾을 만한 대단한 볼거리는 없다. 그런데 어쩐지 가보고 싶었다. 눈 쌓인 동물원에 가본 기억이 없었다.
동물원은 울창한 숲이 이어지는 마루야마 공원 끝, 마루야마 산자락에 위치해 있다. 규모는 작지만 동물관 사이가 널찍이 떨어져 있어 한갓지고 군데군데 아이들이 쉬고 놀 수 있는 공간이 많다. 구석구석 섬세하게 잘 가꿔져 있는데도 인위적인 느낌이 덜하다는 것이 이상하면서도 좋았다. 동물원의 간판스타는 북극곰. 몇 년 전 쌍둥이 북극곰이 태어나서 화제였다. 쌍둥이 곰은 보이지 않고 캔디라는 이름의 북극곰이 흰 눈 위에서 공을 굴리며 놀고 있었다. 잠시 몸을 녹이려 실내로 들어가자 속 깊은 찬장에서 조심스레 그릇을 꺼내는 듯한 목소리가 들려왔다. 볕 잘 드는 아늑한 공간에 모여 앉은 아이들과 어른들. 그 앞에서 한 여자가 동화책을 읽어주고 있었다. 읽고 있는 동화의 장면이 스크린에 흐른다. 동물과 숲이 등장하는 삽화였다. 모두가 조용히 듣고 있었다. 나도 가만히 귀 기울였다. 알아들을 수 없지만, 아름답다는 것만은 느낄 수 있었다. 창밖에 하얀 눈이 다시, 흩날렸다.

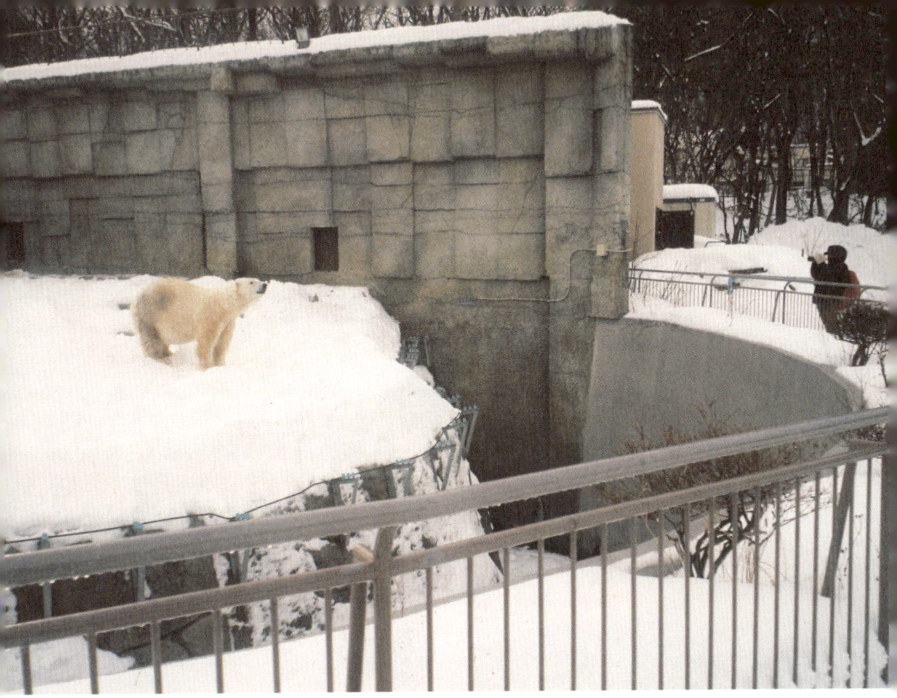

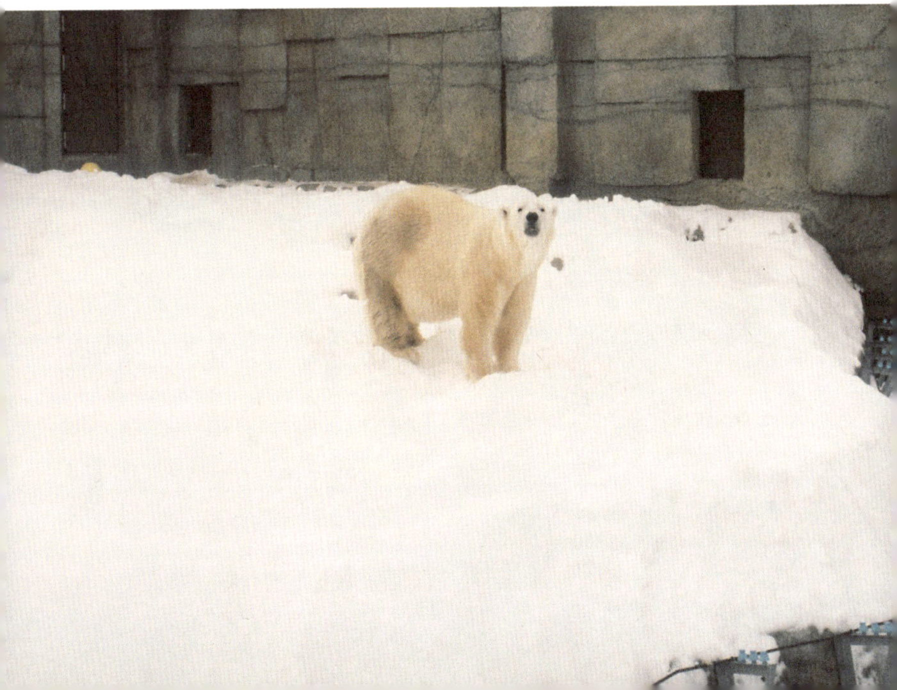

마루야마	WAY 지하철 마루야마코엔 역에서 도보 20분
동물원	ADD 札幌市中央区宮ヶ丘3番地1
円山	TEL 011-621-1426
動物園	OPEN 3월~10월 9:30~16:30, 11월~2월 9:30~16
	CLOSE 둘째·넷째 수요일
	FEE 성인 600엔, 중학생 이하 무료
	WEB www.city.sapporo.jp/zoo

긴 숲의 터널

겨울의 숲은 소리도, 색도 적다. 나무들의 녹색은 더욱 깊어지고 소리와 빛을 흡수한 하얀 눈은 신선하다. 동물원에서 나와 홋카이도 신궁을 지나 공원을 향해 걷는다. 지나는 사람은 적고 베일처럼 이어진 침엽수의 숲 안쪽으로 눈을 두며 걷는 동안 호흡은 단정해진다. 하얀 눈으로 덮인 숲의 터널 속으로 빨려 들어갈 것만 같다.

청량하다. 침엽수의 톡 쏘는 냄새.

긴 숲의 터널을 빠져나오자 맑고 투명한 구슬을 굴리는 듯한 웃음소리가 들려온다. 눈을 흩뿌리며, 눈을 굴리며, 눈 속을 달리며, 눈이 부시게 아이들이 웃는다.

마루야마
공원
円山公園

W A Y 지하철 마루야마코엔 역 도보 5분
A D D 札幌市中央区宮ヶ丘他
T E L 011-621-0453
W E B www.maruyamapark.jp

깊은 숲의 커피

단정한 포렴이 내걸린 문을 열고 들어가자 깊고 두텁고 조용한 냄새가 가만히 풍겨온다. 짙은 색의 나무, 삐걱거리는 나무 계단, 오래된 벽시계, 삼각 지붕 아래 작은 다락, 담쟁이 잎이 하늘거리는 창, 스며든 빛이 차차 물러나는 창백한 벽. 그런 곳에서 나는 냄새다. 어딘가 모르게 그리워지는.

한적한 동네에 작은 카페를 열고 싶었던 주인은 마루야마의 주택가에서 오래된 집 한 채를 발견하고 내부를 보지도 않고 계약했다. 손수 고치고 다듬어 좋아하는 것으로 채운 아늑한 공간은 삿포로를 대표하는 카페가 되었고 분점도 여러 곳 열었다.

'모리노시즈쿠森の雫'란 이름의 커피를 주문한다. 숲의 이슬, 그것이 뜻이다. 앞치마를 정갈하게 두른 점원이 드리퍼에 담긴 커피가루에 끓는 물을 신중하게 붓는다. 진한 커피 향내가 피어오른다. 깊은 숲의 맛이다.

모리히코 카페
cafe morihiko

- WAY 지하철 마루야마코엔 역 4번 출구 도보 5분
- ADD 札幌市中央区南2条西26丁目2-18
- TEL 011-622-8880
- OPEN 10~21, 토·일 10~21:30
- WEB www.morihico.com

작고 다정한 빵집

마루야마의 주택가 골목에는 작고 예쁜 숍들이 곳곳에 숨어있다. 주민들이 길게 줄을 선 아담한 가게에서 맛있는 냄새가 풍겨온다. 두어 사람 들어가면 꽉 차는 가게 안에 올망졸망한 빵들이 가지런히 진열되어 있다. 홋카이도산 유기농 밀가루와 버터로 만든 빵은 군더더기 없이 소박하여, 마치 조용히 내 푸념을 들어주다 살며시 어깨에 손을 얹어 위로해주는 속 깊은 친구 같은 느낌이 들었다.

마루무기 빵집
円麦

WAY 지하철 마루야마코엔 역 4번 출구 도보 4분
ADD 札幌市中央区南3条西26-2-24
TEL 011-699-6467
OPEN 7~16
CLOSE 월·화

개구리 모양을 한 행복

채식과 개구리, 어설픈 과자 굽기를 좋아하는 일러스트레이터 카즈코 씨와 삿포로의 찻집에서 일하며 과자 굽는 즐거움에 빠진 노리코 씨가 함께 문을 연 가게는 재미있고 귀여운 것으로 가득하다. 개구리와 다람쥐 모양의 쿠키, 패키지가 예쁜 차와 수제 잼, 예쁜 엽서와 패브릭. 아토피가 있는 아들을 위해 달걀과 유제품, 설탕을 넣지 않은 과자를 만들기도 했다는 노리코 씨의 과자는 길티 플레져guilty pleasure를 덜어준다. 맛있는데다 건강할 것. 그것이 노리코 씨가 과자를 만들 때 외는 마법의 주문이다. 문득 정신 차리고 보니 예쁘고 귀여운 것들을 홀린 듯 주워 담은 뒤였다.

꾸스 꾸스 오븐 하퍼스
cous cous oven hoppers

WAY 마루무기 빵집 옆
ADD 札幌市中央区南3条西26丁目2-23 1F
TEL 011-614-2753
OPEN 11~18(10월~3월 11~17)
CLOSE 월요일
WEB www.couscoushoppers.com

달빛 다락방

내게는 마음은 무르고 손끝 야무진 친구 하나가 있는데, 그 집에 가보면 친구는 할머니가 물려준 것 같은 털스웨터를 입고 앉아 야야, 너 뭐 하냐, 하면 조그만 가위로 고양이 가족이라든가 플라멩코 자매들을 사부작사부작 오려 내거나 구부정하게 어깨를 숙인 채 꽃무늬 천을 들여다보며 하염없이 손을 꼼지락거리고 있어 야야, 너 뭐 하는데, 하면 씩 웃으며 귤 좀 먹어봐, 하고 동문서답해서 나는 그만 웃음이 나고 만다. 작고 고운 꽃을 수놓은 커튼이 하늘거리는 친구의 방은 욕심나는 것이 많았다. 할 수 있다면 방을 통째로 훔쳐오고 싶었다. 유카 씨의 아담한 가게는 친구의 방을 떠오르게 했다. 주로 북유럽 빈티지 제품과 패브릭을 판매하고 유럽과 아시아의 작은 마을에서 만들어지는 수공예품도 팔고 있다. 하나하나 조곤조곤 이야기를 걸어올 것 같은 물건들로 채워진 따스한 숍이다.

프레스
Presse

WAY 마루무기 빵집 옆
ADD 札幌市中央区南3条西26丁目2-23 2F
TEL 011-215-7981
OPEN 12~18(일요일 12~17)
CLOSE 월요일
WEB momentsdepresse.com

팬케이크의 전설

팬케이크, 하면 늘 떠오르는 기억이 있다. 대학 시절 잠시 머물렀던 미국의 한 대학교 기숙사. 눈이 많기로 유명한 지역이었다. 그곳의 아이들은 걸음마보다 스키를 먼저 배웠다. 어느 날 아침 일어나보니 눈이 내 방 창까지 쌓여 있고 길은 흔적 없이 사라져 버렸다. 그날의 수업은 취소됐다. 당분간 휴교에 들어갈 거란 소문이 돌았다. 기숙사에 고립된 수십 명의 여학생이 모두 응접실에 모였다. 그리고 잠시 후 – 맛있는 냄새가 부엌에서 풍기기 시작했다. 달걀과 우유, 버터, 밀가루. 부엌에 있는 재료들을 털어 만들 수 있는 최고의 음식을 소녀들은 신나게 만들었다. 그것은 팬케이크. 바깥은 눈, 안은 달콤한 냄새. 푸른 눈의 소녀도, 갈색 피부의 소녀도, 영어가 서투른 동양의 여학생 모두 둘러앉아 팬케이크를 먹었다. 창밖에 쌓인 하얀 눈이 햇살에 반짝반짝 빛났다. 누구나 가만히 미소 지었다. 그런 포근한 기억이 떠올랐다. 사르르하고 녹아버릴 것 같은, 아련하고도 아름다운 기억의 맛.

마루야마 팬케이크
円山ぱんけーき

WAY 지하철 마루야마코엔 역에서 도보 12분
ADD 札幌市中央区南四条西18丁目2-19
TEL 011-533-2233
OPEN 11~18:30

홋카이도 식 환대

미슐랭 가이드 북해도 2017 특별판에서 별 하나를 받은 유명 식당이지만, 역시나 화려한 간판 같은 건 없었다. 예약 시간에 맞춰 낯선 곳을 찾을 수 있을지 서서히 걱정되기 시작할 즈음, 지도에 의지해 찾아낸 식당의 미닫이 문을 열고 들어서자 스시집과 닮은 카운터 석에서 요리를 하고 있던 셰프가 심플하지만 정중한 인사를 건넨다. 너무나 유명한 원저 토야 미셀브라스 레스토랑의 초대 주방장, 요코스카 마사아키 셰프다. 예약자 명단을 확인하는 일도 없이 우리가 올 줄 알고 있었다는 표정의 직원은 눈이 묻은 우리의 코트를 받아 걸고, 따뜻한 수건과 물, 적당한 온도의 난로까지 필요한 것들을 자연스럽게 가져다 주었다. 긴장했던 마음이 스르르 녹아내리며 그제서야 주변의 것들이 눈에 들어오기 시작했다. 묵직한 카운터형 테이블 위에 날렵한 모양의 젓가락이 놓인 이 곳은 일본 풍의 프렌치 레스토랑. 일본스러운 것 못지 않게 홋카이도스러운 것을 중시하는 셰프는 홋카이도산 재료를 사용해 섬세하고 담담한 요리를 선보인다. 홋카이도의 초원을 닮은 채소가 가득 담긴 요리를 시작으로 바삭한 껍질의 생선과 부드럽게 구워낸 소고기와 달콤한 디저트까지, 어느 것 하나 과하지 않고 마치 요술처럼 자연스럽게 어우러졌다. 남은 파운드 케이크를 가지고 갈 수 있도록 미리 포장지를 챙겨주는 배려까지 함께 담아 돌아왔다.

미야비
MiYa-Vie

WAY 지하철 마루야마코엔 역에서 도보 10분
ADD 札幌市中央区北3条西26丁目3-8
N2 ヒル지하1층
TEL 011-688-9788
OPEN 런치 토・일・월요일 12~14:30 (라스트오더 13시)
디너 수~월 18~22 (라스트오더 20시)
CLOSE 화・넷째 주 수요일
WEB www.miya-vie.jp

차갑고 황홀한 북극의 별

간밤에는 – 편의점에 들러 산 어묵과 캔 맥주를 양손에 들고 둘 다 제 온도를 잃지 않도록 걸음을 재촉하며 눈바람 속에서 엇, 추워, 하며 숙소로 돌아왔다. 찬바람이 묻은 채로 따뜻한 침대에서 마시는 맥주, 그보다 좋은 건 없다. 평소 술을 잘 마시지 않지만 여기는 삿포로, 어쩔 수 없다. 매일 밤 삿포로 맥주의 향연. 이 기세로 맥주박물관까지 달리자, 마음먹었다. 박물관에서만 맛볼 수 있는 맥주가 있다고 들었기 때문이다. 이름 하여 가이타쿠시, 개척자란 뜻이다. 이름만 들어도 설렌다.

삿포로
맥주박물관
サッポロ
ビール博物館

WAY   삿포로 역에서 88·188번 버스
      삿포로 비루엔 앞
ADD   札幌市東区北7条東9-1-1
TEL   011-748-1876
OPEN 11~20
CLOSE 월요일
WEB   www.sapporobeer.jp

붉은 벽돌로 지어진 아름다운 건물은 1890년에 지어진 메이지 양식으로, 북극성을 상징하는 붉은색 별을 라벨 문양을 단 삿포로 맥주를 만들기 시작했다. 일본에 하나뿐인 맥주박물관이다. 삿포로 맥주의 역사와 제조 공정, 포스터 등이 2층과 3층에 전시되어 있고 1층이 바로 고대하던 시음장이다. 해가 중천에 떠있지만 이곳은 삿포로, 낮술도 불사한다. 클래식·블랙라벨·가이타쿠시 세 종류의 샘플러를 주문해 맛보기 시작했다. 우열을 가리기 힘들 정도로, 어느 것이나 근사하다. 해가 눈부시게 비쳐드는 창밖으로 영롱하고 황홀한 북극의 별이 보이는 건 아무래도 술기운 탓일까요.

밤의 여행자들

오후 느지막이 도착한 삿포로. 숙소에 짐을 부리자마자 달려 나간다. 양고기를 먹으러 간다. 양이라는 동물이 북실북실하니 귀엽기만 한 줄 알았는데 미안하다, 염치없이 고기까지 좋아하게 돼버렸다.

양이 앙증맞게 그려진 포렴이 걸린 가게의 이름은 더할 나위 없이 명쾌한 라무RAM. 카운터 좌석과 좌탁 두 개가 놓여있는 작은 가게 안에는 연기와 맛있는 냄새가 가득하다. 일본 특유의 조용함은 여기에서만큼은 통하지 않는다. 맛있는 것을 먹는다는 기쁨, 오직 그 하나만으로 들뜨고 흥성거린다. 치지직, 연기가 솟는다. 입안에서 맛의 폭죽이 팡팡 터진다. 씹을 새도 없이 사르르 녹아버린다. 배가 터지도록 먹고 싶다. 인생이란 게 제법 좋지 아니한가, 하는 생각마저 든다. 양고기에 시원한 나마비루 한 잔, 비로소 삿포로 여행이 시작되는 기분이다.

라무
RAM

WAY 지하철 스스키노 역에서 도보 10분
ADD 札幌市中央区南7条西4菅原ビル
TEL 011-512-2277
OPEN 17~1:30, 일 17~23:30(L.O)

양을 쫓는 모험

삿포로를 대표하는 음식인 징기스칸은 숯불 화로 위에 양고기를 구워 먹는 요리다. 침략전쟁 당시 군모를 얻기 위해 홋카이도에 양을 사육하기 시작했는데 원래 일본은 양을 먹지 않아서 대중적인 음식이 되기까지는 다소 시간이 걸렸다. 징기스칸이라는 이름의 유래는 분분한데 몽골이 양고기로 유명하고, 몽골 하면 장수 징기스칸이 연상되므로 붙여졌다는 설이 유력하다. 1965년에 문을 연 다루마는 삿포로에서 제일 유명한 징기스칸 식당이다. 분점도 여러 곳 있는데, 우리가 찾은 곳은 최근에 생긴 다루마 5.5. 모르는 사람들과 나란히 앉아 고기를 굽기 시작한다. 웃음소리와 술잔 부딪치는 소리, 맛있는 냄새와 숯불 연기, 가게 안은 훈훈하다. 차가운 나마비루가 술술 넘어간다. 계산을 하니 점원이 '이렇게 추운데 와주셔서 감사하다' 고 인사한다. 배도 부르고 알딸딸해져서 온몸에 고기 냄새를 풍기며 거리로 나서니 추위도 두렵지 않다.

다루마
だるま

WAY 지하철 스스키노 역에서 도보 3분
ADD 札幌市中央区南5条西5丁目
TEL 011-551-5529
OPEN 17~3

마무리는 파르페

길을 잃었다. 너구리의 골목, 다누키코지 끄트머리였다. 그러다 한 무리의 젊은이들을 발견하고 뒤를 따라갔다. 저들이 가는 곳은 분명 핫한 곳일 거야. 짐작이 맞았다. 우리도 '시마파르페' 하기 위해 줄을 섰다. '시마파르페' 란 술마신 뒤 파르페로 마무리한다는 뜻이다. 'Parfait, coffee, liquor, Sato' 는 술과 파르페, 커피를 한 자리에서 맛볼 수 있는 재미난 곳. 술꾼은 술을, 디저트 마니아는 파르페를 시키면 되지만 우리는 양고기와 맥주 잔뜩 먹고 간단히 입가심하러 온 과식 묘기단이므로 술과 파르페, 커피로 구성된 세트 메뉴를 주문했다. 술과 파르페 종류는 선택할 수 있다. 고민이 시작된다. 이렇게 즐거운 고민이라면 백만 년 할 수 있을 것 같다. 우선 술은 스파클링 와인. 곁들여낸 안주 모두 맛있다. 와인을 마시고 나자 파르페가 살며시 나온다. 시그니처 메뉴인 솔티캬라멜앤피스타치오. 거짓말처럼 입안에서 스르륵 사라져버린다. 그리고 마지막으로 나온 담담한 커피가 입을 산뜻하게 씻어 내린다. 알딸딸하고, 달고, 쌉쌀한, 이것은 어른의 맛.

파르페, 커피,
리쿠르, 사토
Parfait, coffee,
liquor, Sato

WAY 다누키코지 1초메
ADD 札幌市中央区南2条西1-6-1
TEL 011-233-3007
OPEN 화·수·목 18~24, 금 18~2, 토 13~2, 일 13~24
CLOSE 월요일
WEB pf-sato.com

이상하고 아름다운 북국의 밤

낯선 도시에 밤이 내려앉고 불빛이 반짝이기 시작한다. 여행객과 일상을 사는 사람들의 고단함이 도시 한편에 마주하고 있을 것이다. 대관람차가 조용히 하늘을 향해 날아오른다. 어쩐지 그리운 것들이 하나둘 떠오른다.

JR 타워 전망대
JR Tower

WAY 지하철 삿포로 역
ADD 札幌市中央区北5条西2丁目5
TEL 011-209-5500
OPEN 10~23
FEE 어른 720엔·중고생 500엔·4세 이상 300엔
WEB www.jr-tower.com

대관람차가 보이는 창

일어나자마자 커튼을 열어 날씨를 확인하는 여행의 아침. 창밖은 맑음. 햇살을 태운 대관람차.
스스키노 거리에 위치한 라장 스테이는 깔끔하고 아늑한 호텔이다. 호텔 안에 대욕장이 있어 밤마다 몸을 담그고 밤새 푹 잘 수 있었다. '대관람차가 보이는 방으로 꼭 부탁드립니다' 하고 보낸 예약 메일에 '최선을 다해보겠습니다'라는 답변을 받았다. 방에 들어가자마자 창문으로 달려갔다. 말처럼 최선을 다해주었다. 전망 좋은 창, 욕탕에 준비된 요쿠르트, 깔끔한 침구, 신선한 과일이 놓여있는 조식. 여행지에서 감동하게 되는 것은 작은 친절과 배려 때문이다.

라장 스테이
La'gent Stay

WAY 지하철 오도리 역 도보 5분
ADD 札幌市中央区南2条西5丁目26-5
TEL 011-200-5507
WEB www.lagent.jp/sapporo-odori

고양이의 걸음으로, 숲의 교정

눈 쌓인 길을 걸어 등교하는 학생들의 걸음이 분주했다. 그 뒤를 '봄날의 산책하는 고양이처럼'의 보폭으로 따라 걸었다. 딱 적당한 걸음이라는 생각에 흐뭇해졌다. 그렇게 걷고 싶은 교정이었다. 홋카이도 대학교는 1876년 세워진 삿포로 농학교가 전신으로, 개교 당시 학생 수는 24명이었다고. 아마도 학교에서 기르는 양이 학생 수보다 많았으리라. "Boys, be ambitious." 란 말을 남긴 윌리엄 S. 클라크William S. Clark가 초대 교장으로 지금도 교정에 흉상이 남아있다.

여행지에서 간혹 학교를 부러 찾아간 적이 있다. 파리와 홍콩, 스톡홀름, 시애틀, 이타카……. 그 학교들의 공통점은 아름다운 정원과 숲, 혹은 호수가 있다는 것이었다. 홋카이도 대학 역시 가만히 걷기 좋은 아름다운 숲을 품고 있다. 울창한 나무 사이 유서 깊은 건물들이 멋스럽다. 숲을 건너 즐거운 웃음소리가 들려오고 하얀 눈밭을 달리는 아이들이 보인다. 어쩌면 훗날 이 학교에 다니게 될 지도 모른다. 어린이들, 부디 건강하고 무사하길. 야망 같은 건 나중에 생각해 보자구요.

홋카이도 대학교
北海道大學

WAY 삿포로 역 북쪽 출구에서 도보 10분
ADD 札幌市北区北8条西5丁目
TEL 011-716-2111
WEB www.hokudai.ac.jp

오늘의 빵, 사이좋은 단팥빵

홋카이도 대학교 학생 식당 건물 1층에 귀여운 빵집이 하나 있다. 갓 구운 빵 냄새를 맡자 빵순이들의 흥분도는 급격히 상승했지만 자자, 삿포로는 넓고 먹을 것은 많으니. 최대한 자제력을 발휘해 엄선한 결과, 커스터드크림이 잔뜩 들어있는 메론빵, 냄새의 유혹에 홀딱 넘어간 시나몬애플빵, 그리고 사이좋은 단팥빵과 콩빵 하나씩. 삿포로 빵은 아무 데서나 사도 다 맛있는 걸까요? 궁금증을 풀기 위해 삿포로의 모든 빵을 먹어보고 싶군요. 아, 홋카이도 대학 학생 식당의 메뉴도 푸짐하고 맛있다고 합니다.

콧뿌 빵집
コープ パン

WAY 홋카이도 대학교 내
ADDL 札幌市北区北8条西5丁目
OPEN 월~금 10~18, 토·일 10~15

물고기는 강을 거슬러

아침 일찍 니조 시장을 찾았다. 눈 쌓인 푸른 지붕 아래 길게 늘어선 점포들이 장사 준비를 마치고 손님을 부르기 시작한다. 하얗게 부순 얼음 속에 붉은 털게와 대게가 가지런히 정렬돼 있고 노랗게 빛나는 성게 알과 작고 투명한 열매를 닮은 연어 알이 싱싱함을 뽐낸다. 커다란 찜기에서 붉은 게가 익는 냄새가 풍겨 나오고 가리비를 굽는 숯불 연기가 치솟는다. 번잡하지 않은 조용한 활기가 느껴진다. 메이지 시대 초기, 이시카리 항의 어부들이 강을 거슬러 삿포로로 올라와 해산물을 팔기 시작한 것이 니조 시장의 유래라고 한다. 1903년 작은 생선가게에서 시작해 점포가 하나둘 늘어나며 100년 넘게 이어진 시장이다. 1993년에 지금과 같은 아케이드가 지어졌는데, 푸른색 지붕은 에도 시대의 풍취와 바다를 모티브로 했다고 한다. 우리는 이곳에서 아침을 먹을 셈이다.

니조 시장
二条市場

WAY 지하철 오도리 역 35번 출구 도보 5분
ADD 札幌市中央区南3東2
OPEN 7~18
WEB nijomarket.com

춤추는 바다

니조 시장에 있는 식당, 오이소 앞에는 늘 긴 줄이 늘어서 있다. 카이센동으로 유명한 집이다. 카이센동은 밥 위에 생선과 성게 알, 대게, 전복, 가리비, 새우 등의 해산물을 올려 먹는 메뉴다. 일본에서도 최고로 손꼽힌다는 홋카이도산 성게 알, 그리고 좋아하는 연어 알과 연어, 빼놓으면 섭섭한 대게를 토핑으로 선택했다. 알록달록한 해산물을 올린 그릇이 따끈한 미소시루와 함께 놓였다. 한입 떠먹어 본다.
성게 알이 사르르 녹고 연어 알은 톡톡 터진다. 바다가 입안에서 춤춘다.

오이소
ごはんや 大磯

WAY   니조 시장 안
ADD   札幌市中央区南3条東2
TEL   011-219-5252
OPEN   7~21, 일 7~16

우리의 이정표

삿포로는 그리 크지 않은 도시라 웬만한 곳은 걸어 다닐 수 있을 정도였으므로 물리적으로나 심리적으로도 피로감이 덜했다. 그래도 티비 타워가 가까워지면 안도감을 느꼈다. 그곳엔 다리를 쉴 수 있는 벤치가 얼마든지 있고 맛있는 옥수수를 구워 파는 공원이 있다. 오도리 공원이 삿포로에서의 우리의 이정표였다.

오도리 공원은 삿포로 시내 중심, 빌딩 사이로 길게 뻗어있다. 1967년 설치된 높이 147여 미터의 삿포로 티비 타워 아래로 아름다운 정원과 너른 잔디밭이 펼쳐져 있다. 시민들이 잠시 쉬어가고 소풍 나온 아이들이 뛰어놀고 관광객들이 부지런히 추억을 담는, 도심 속 휴식처다. 공원에서는 1년 내내 다양한 축제가 이어지는데, 여름의 맥주축제와 겨울의 삿포로 눈축제는 전 세계의 여행객들을 불러 모은다. 축제 기간에는 오도리 공원뿐 아니라 조용한 삿포로 도시 전체가 땅에서 10센티 정도 가볍게 붕 떠 있는 기분이 든다. 네, 조금 취했는지도 모르겠습니다.

오도리 공원
大通公園

- WAY 지하철 오도리 역
- ADD 札幌市中央区大通西1-12丁目
- TEL 011-251-0438
- WEB www.sapporo-park.or.jp/odori

굿모닝, 커피

거기, 그 카페라고 부를 수 있는 카페가 생겼다면, 그건 도시와 조금은 친해졌다는 얘기다. 거기, 그 카페라고 불렸던 도시의 작은 단골 카페. 여행의 아침은 항상 거기, 그 카페로부터 시작됐다.

바리스타트의 라떼는 독특하게도 커피가 아닌 우유를 고를 수 있다. 하코다테는 진하고 토카치는 조금 단맛이 돌고 비에이는 풍성하달까요. 주인이 우유의 특징을 조곤조곤 설명해주자 드넓은 홋카이도의 초원에서 유유히 풀을 뜯는 순한 눈을 한 젖소 무리가 내 가슴 속으로 세차게 뛰어드는 것이 느껴졌다. 햇살과 바람과 함께 목장에서 직배송된 우유를 올린 라떼에 입을 댄 순간, 눈이 번쩍 뜨였다. 아침의 맛이다.

바리스타트
커피
Baristart
Coffee

WAY 오도리 공원에서 도보 5분
ADD 札幌市中央区南1条西4丁目8
TEL 011-215-1775
OPEN 9~19
WEB www.baristartcoffee.com

거리의 표정

밀집된 빌딩 사이 붉은 터번을 두른 니카 상의 거대한 광고판이 눈길을 끈다. 스스키노 거리다. 음식점과 쇼핑몰이 밀집한 번화가로, 홋카이도 개척 당시에 '꽃의 거리'라고 불린 곳답게 지금도 밤이면 네온사인이 빛나고 호객 행위가 요란하다. 스스키노 거리를 카당카당 소리를 내며 노면 전차가 느긋하게 달린다. '시덴'이라고 불리는 노면 전차는 1909년 건축 자재 운반을 위해 설치되었다가 1927년부터 시에 인수되어 시민들의 교통수단으로 이용됐다. 지하철과 버스 등의 교통수단이 늘어나자 한때 없어질 위기에 처했으나 시민들의 반대로 유지될 수 있었다. 정차역 24개, 약 8.9㎞ 거리를 전차가 달리는 풍경은 묘한 노스탤지어를 느끼게 한다. 도시의 인상을 만드는 것은 꼭 있어야 할 것이 아닌, 없어도 될 것이 남은 풍경이 아닐까.

아카렌가의 건물

구본청사는 겨울에 가야 한다고 삿포로에 갈 때마다 미루곤 했다. 어디선가 본 사진에 빌딩 사이 눈 쌓인 붉은 색 건물이 마치 은둔한 귀족의 성처럼 근사해 보였기 때문이다. 건물은 '아카렌가'라는 애칭으로 불린다. 아카렌가란 붉은 벽돌이라는 뜻으로, 250만 개의 삿포로산 붉은 벽돌로 지어진 데서 연유한 이름이다. 미국 메사추세츠주 의사당을 모델로 1888년에 지어졌다. 메이지 시대를 대표하는 건축물로, 1969년에 중요문화재로 지정되었다. 내부는 자료관과 전시실로 꾸며져 공개된다. 전시는 특별히 기억 남는 것이 없었지만 우아한 아치형 벽과 창문, 그리고 창 너머로 내다보이는 하얀 눈 쌓인 마당과 오리가 헤엄치는 연못 풍경이 좋아 한참을 바라보았다.

홋카이도 구본청사
北海道廳舍

- WAY 삿포로 역에서 도보 10분
- ADD 札幌市中央区北3条西6
- TEL 011-204-5019
- OPEN 8:45~18
- CLOSE 12월 29일~1월 3일

시간이 흘러도 여전히

그러니까 백여 년 전에 삿포로의 시민들은 도심에 울려 퍼지는 낭랑한 시계 종소리에 잠을 깨어 미소시루와 밥이라든가 달걀 같은 것을 아침으로 먹고 집을 나서 직장이나 학교에 도착해서 아, 아슬아슬했어, 라며 종소리에 이마의 땀을 닦으며 일과를 시작해 어둠이 내리는 거리에 어쩐지 쓸쓸하게 울려 퍼지는 종소리를 밟으며 집으로 돌아와 밤의 공기 속으로 고즈넉하게 퍼져가는 시계 종소리를 들으며 잠이 들었을 거라는 얘기다. 삿포로 시계탑은 아카렌가와 더불어 삿포로를 상징하는 건축물. 1878년에 지어진 시계탑은 홋카이도 대학의 전신인 삿포로 농학교의 체육관으로 사용되던 건물로, 1906년 삿포로시가 건물을 인수해 현재의 자리로 이전했다. 1층은 삿포로 개척 역사 자료 전시실, 2층 홀은 공연장으로 이용되고 있다. 백 년이 훌쩍 넘는 시간 동안 매시 정각, 어김없이 맑고 깨끗한 종소리가 울려 퍼진다.

삿포로 시계탑
札幌市時計台

WAY 홋카이도 구본청사에서 도보 5분
ADD 札幌市中央区北1条西2
TEL 011-231-0838
OPEN 8:45~17:10
CLOSE 매월 넷째 주 월요일
FEE 어른 200엔

도서관의 과자점, 멜랑콜리의 케이크

안도 타다오가 리노베이션한 과자점은 어떻게 생겼을까. 건축과 예술에 대한 순수한 호기심, 출발은 산뜻하였다. 하지만 바움쿠헨과 과자에 자꾸 눈이 팔리고 계절 한정 케이크 세트에 욕망이 들끓고 만다. 너무 예뻐서 못 먹겠다는 말은 무색해지고 예상 가능한 맛일 거라는 건방진 생각은 단번에 무너진다. 두근거리면서도 왠지 슬퍼지는, 멜랑콜리의 케이크. 세상에는 얼마나 더 맛있는 게 있을까. 접시를 핥고 나니 비로소 주위가 보이기 시작한다. 1926년에 지어진 삿포로 최초의 도서관이었던 건물의 이력을 살려 벽 한 면 가득 책장을 짜 넣고 오백 권의 책으로 채운 카페는 모던하면서도 우아하다. 근사하네요, 안도 타다오 씨.

기타카로
삿포로 본관
北菓楼 札幌本館

WAY 지하철 오도리 역 2번 출구 도보 5분
ADD 札幌市中央区 北1条西5-1-2
TEL 0800-500-0318
OPEN 매장 10~19
　　　카페 10~18(런치 11~15)
WEB www.kitakaro.com

눈 오는 밤의 사박사박 쿠키

도시의 인상을 결정짓는 것은 여러 가지가 있겠지만 – 두 시간여의 비행 끝에 푸르스름한 어둠이 내리는 낯선 거리를 트렁크를 끌며 걷다 잠시 들른 과자점의 2층 카페에서 검은 밤, 조용히 내리는 눈송이를 닮은 과자를 입안에 넣었을 때, 이 도시를 좋아하게 될 예감이 들었다. 롯카테이는 홋카이도를 대표하는 스위츠 브랜드로, 화가 사카모토 나오유키가 홋카이도의 식물을 그려 넣은 패키지가 아름다워 선물용으로도 인기다. 마루세이 버터샌드와 유키야콘코 등이 스테디셀러. 롯카테이 삿포로 본점에서는 오비히로 본점에서만 판매하는 마루세이 아이스샌드와 사쿠사쿠 파이를 맛볼 수 있다.

롯카테이
삿포로 본점
六花亭 札幌本店

WAY 삿포로 역에서 도보 5분
ADD 札幌市中央区北4条西6-3-3
TEL 011-261-6666
OPEN 매장 10~19 • 카페 10:30~18
WEB www.rokkatei.co.jp

따뜻함의 온도

밤이 되니 공기가 차가워지고 싸늘한 바람이 분다. 하루 종일 눈 쌓인 거리를 걸은 다리는 무겁고 몸은 으슬으슬하다. 뜨겁고 힘이 날 만한 것이 먹고 싶어진다. 그렇다면 오늘 저녁 메뉴는 수프카레다. 점도 높은 일본식 카레와는 확연히 다른 수프 형태의 카레가 삿포로의 소울푸드가 된 것은 아마도 춥고 눈이 많은 날씨 때문일 것이다. 뜨끈하고 매콤한 국물에 맛있기로 유명한 홋카이도의 채소와 해산물, 고기를 불맛 나게 구워 풍성하게 곁들인 수프카레 한 그릇을 먹고 어둡고 스산한 겨울을 견디는 것이다. 한 그릇 훌훌 먹고 나니 마음이 푸근해지고 배에 불을 밝힌 느낌이 든다. 여름에 먹어도 그 맛이 덜할 리 없지만 수프카레는 역시 겨울이 제격이다.

수프카레 사무라이
スープカレー
SAMURAI

WAY 스스키노 역에서 도보 5분
ADD 札幌市豊平区平岸3条3丁目2-3
TEL 011-824-3671
OPEN 점심 11:30~15:30 • 저녁 17:30~23
WEB samurai-curry.com

호쾌한 한 그릇

삿포로의 미소라멘은 돼지 뼈와 고기로 우려낸 육수에 일본 된장인 미소를 풀어 고소하고 진한 맛이 특징이다. 삿포로 시내에는 라멘집들이 즐비한데 라면 가게를 여러 곳 모아놓은 독특한 곳도 있다. 바로 스스키노의 '라멘 요코초'와 에스타ESTA 쇼핑몰 10층에 위치한 '라멘 공화국'. 라멘 공화국은 쇼와 시대 거리를 재현한 공간에 홋카이도뿐 아니라 일본 전역의 유명한 라멘집 8곳이 입점해 있다. 우리가 찾은 곳은 라멘 소라. 기본 미소라멘과 약간 매운 미소라멘, 그리고 호기심에 버터콘미소라멘을 주문했다. 진한 국물에 버터 한 덩어리를 띄운 라멘의 맛이 농후하고 두텁다. 간이 센 편이라 나마비루가 술술 넘어간다. 옆 테이블에는 운동선수인가 싶은 학생 셋이 와서 라멘과 교자를 엄청난 집중력으로 먹고 있다. 보는 것만으로도 어쩐지 상쾌해진다.

라멘 소라
ラーメン空

W A Y 삿포로 역에서 이어진 에스타 10층
A D D 札幌市中央区北5条西2丁目1番地ESTA
　　　(札幌エスタ)10階
T E L 011-209-5031
O P E N 11~22
W E B sapporo-esta.jp

수다스러운 택시 기사

일본에서 수다스러운 택시 기사를 만나기란 극히 어려운데, 딱 한 번 삿포로에서 만났다. 한국인 여행객을 태웠다는 사실에 어쩐지 들떠 버린 운전사는 삿포로의 날씨라든가, 눈축제에 대해 연방 벙글거리며 얘기를 건네다, 앗, 저기 봐요, 저렇게 얼음을 깎는다니까요, 하며 오도리 공원 앞을 지날 때는 살짝 속도를 늦춰주기까지 했다. 무릇 택시 기사는 현지인 맛집의 달인. 고로 아니 물을 수 없다. 과연 신이 나서 답해준다. 삿포로는 회전 초밥도 격이 다르달까요. 미슐랭 투 스타, 쓰리 스타급 초밥을 뱅글뱅글 막 내놓는다니까요. 버터콘라멘은 여기 사람들은 금시초문이에요. 어떤 맛이려나, 상상도 안 되는데, 하하하. 그럼 괜찮은 라멘집을 추천해 달라 하니 맛집 같은 데는 안 가고 집 근처 라멘집을 간다며 미안한 표정을 짓는다. 그런데, 거 뭐냐, 우리 집 근처에 있는 가게가 괜찮아요. 순전히 제 입맛이지만 말입니다. 맛집이려나, 맛집은 아닐 지도 몰라요. 그래서 맛집일 지도, 아닐지도 모를 신겐에 갔다. 두툼한 챠슈를 올린 뽀얀 국물에 꼬들한 면발. 맛있어서 자세도 바꾸지 않고 국물까지 깨끗이 비웠다. 엄청난 맛집 옆에 사시는 군요, 기사님.

신겐 라멘
ラーメン信玄

WAY 지하철 스스키노 역에서 도보 10분
ADD 札幌市中央区南六条西8
TEL 011-530-5002
OPEN 11:30~새벽 1

여행의 기억

마루야마 동물원 기념품 가게에서 산 백곰 라멘.
봉지를 뜯자 면과 두 가지 수프, 끓이는 방법은 친절한 설명으로.
깔끔한 국물의 소유라멘 완성.

뭔가 쏟아질 것 같은 창 밖. 국물을 한 모금 마신다.
또 가고 싶구나, 삿포로. 라멘을 먹으며 생각한다.

몽상가의 방

그랜드 부다페스트를 닮은 호텔은 엘리베이터마저 고풍스럽고 결혼식 피로연처럼 성대하게 차려지던 조식이 즐거웠고 늘 상냥하게 웃음 짓던 직원들의 친절이 좋았다. 거울이 달린 책상에서 글을 쓰면 이국적인 소설이 한 편 완성되지 않을까, 그런 생각이 드는 여행자의 방. 햇살 가득한, 어슴푸레한 방 안, 창가에 기대어 앉은 아침.
트렁크 한 개분의 짐만 지니고 단출하게 살고 싶다. 언제라도 어디로든 가볍게 떠날 수 있게.

호텔 몬테레이 삿포로
Hotel Monterey Sapporo

WAY 삿포로 역에서 도보 5분
ADD 札幌市中央区北4条東1丁目3
TEL 011-232-7111
WEB www.hotelmonterey.co.jp/en/sapporo

밀크 하우스
Milk House

WAY 지하철 니시주핫초메 역 도보 2분
ADD 札幌市中央区大通西17丁目2-38
TEL 011-642-2264
OPEN 11:30~17
CLOSE 토·일

사르르 녹아내렸다

삿포로에서 한 결심. 매일 아이스크림을 먹겠다.
—이런 결심은 왠지 반드시 지켜버리고 만다.

디자인하지 않는 디자인

트렌드를 주도하며 끊임없는 소유와 소비에 대한 욕망을 불러일으켜야 할 디자이너가 어느 날 이렇게 자문한다. '디자이너는 과연 새로운 것을 만드는 것만으로 괜찮은가?' 그가 바로 홋카이도 출신 디자이너 나가오카 겐메이. '롱 라이프 디자인'을 콘셉트로 D&DEPARTMENT PROJECT를 기획하고 가구와 소품 편집숍을 일본 여러 곳과 한국에까지 열었다. 매장에는 반짝반짝하는 새 물건보다는 리사이클링이나 빈티지 제품이 많은데 그것이 오히려 신선하게 느껴진다. 유명한 가리모쿠 가구 역시 단종된 모델을 리브랜딩한 것. 지역의 특색을 지닌 상품을 발굴하고 이를 널리 알리는 프로젝트도 추진 중, 처음 문을 연 곳이 바로 삿포로 지점이다. 삿포로 디자인 회사 3KG와 손잡고 선보이는 매장 한쪽에 '메이드 인 홋카이도' 코너가 있다. 이곳에서 우리는 방심하면 비어져 나오는 소유욕을 애써 누르며 이것은 유행도 타지 않고 실용적이라 백년, 만년 쓸 수밖에 없어, 라는 변명을 하며 커트러리 몇 개와 여행 서적 <d design travel> 몇 권을 구입했다. 2층에는 귀여운 아동 서점이 있으니 함께 둘러보면 좋다.

디앤디파트먼트 삿포로 바이 3KG
D&DEPARTMENT PROJECT SAPPORO BY 3KG

- WAY 지하철 니시주핫초메 역 도보 5분
- ADD 札幌市中央区大通西17丁目1-7
- TEL 011-303-3333
- OPEN 11~19
- CLOSE 일·월
- WEB www.d-department.com/jp/shop/hokkaido

오늘의 런치, 몽상가의 코스 요리

삿포로에는 괜찮은 프렌치 식당이 많다. 미슐랭 가이드에 오른 식당도 여럿 있지만 조용히 내공을 자랑하는 프렌치 식당이 보석처럼 숨어있다. 지하철에서 내리자 도심의 번잡함에서 살짝 벗어난 한적한 거리가 나타났다. 날은 유독 화창하고 공기는 부드럽고 가벼워, 프렌치 요리를 먹으러 간다는 것 외에는 다른 계획도 목적도 없는 홀가분함에 아, 여행이구나 하는 생각이 들었다. 포도 넝쿨이 드리워진 식당 문 앞에 내 놓은 의자에 앉아 오픈 시간을 기다리자니 잠시 후 문이 살짝 열리며 주인이 조용한 미소로 맞아준다.

우리가 자리에 앉자마자 식당은 금세 가득 찬다. 고운 원피스를 입은 할머니 두 분, 아이와 함께 앉은 엄마, 정장 차림의 직장인들, 모두 동네 단골인 듯하다. 애피타이저와 메인 요리, 커피로 구성된 런치 메뉴가 놀랄 만큼 저렴하다. 메뉴 선택의 폭이 넓은 것도 마음에 든다. 반숙 달걀을 올린 풍성한 샐러드는 채소가 입안에서 아삭아삭 신선하게 부서졌고 스튜처럼 뭉근히 익혀낸 돼지고기 요리는 혀에 닿는가 싶은 순간 사르르 녹았다. 동생이 주문한 옥수수포타주와 생선요리 역시 나무랄 데 없다. 섬세하게 쌓아올린 크레이프케이크와 진한 커피, 디저트마저 완벽했다. 푸른 포도 넝쿨이 살랑살랑 나부끼는 프로방스의 시골 마을에 있는 작고 아름다운 식당에 다녀온 듯한, 꿈같은 식사였다.

비스트로
쁘띠 레지옹
Bistrot
Petite Region

- WAY 지하철 쿠스이 역 6번 출구에서 도보 3분
- ADD 札幌市白石区菊水5条3丁目5-11
- TEL 011-595-7565
- OPEN 런치 11:30~13:30(L.O) • 디너 17:30~20:30(L.O)
- CLOSE 월요일 · 매월 두 번째 화요일
- WEB petite-region.com

그곳은, 꿈이 사는 집

조심스레 초인종을 누르자 조용히 문이 열렸다. '꿈의 성'으로의 방문이 허락되었다.

낡거나 버려진 건물에 감각 있는 예술가들이 하나둘 모여 힙한 플레이스로 만드는 것이 세계적인 추세다. 삿포로에도 그런 곳이 있다. 바로 스페이스 1-15. 입주자들이 떠난 30년 넘은 낡은 맨션에 공방과 작은 가게들이 하나둘 입점해 독특한 문화 공동체를 이루었다. 잡화점과 의상실, 패브릭숍, 레코드점, 꽃집, 과자점과 카페 등, 2층에서 5층까지 20여 개의 작고 개성 있는 가게들이 모여 있다. 마치 모두 외출한 오후의 맨션처럼 복도는 고즈넉하지만 가만히 귀 기울여보면 작은 기척이 느껴졌다. 작은 방의 주인들은 사부작사부작 저마다의 작업에 몰두하다 찾아오는 손님을 조용한 미소로 맞아주었다. 가게들은 주로 주말에만 오픈을 하는데, 금요일에도 문을 여는 곳도 간혹 있으니 미리 홈페이지에서 확인하는 게 좋다. 맨션 입구에서 가고자 하는 가게 호수의 초인종을 누르면 문이 열린다. 오래된 맨션의 이름은 샤토드레브Château de rêve, '꿈의 성'이라는 뜻이다. 그곳의 방에는 성실하고 아름다운 꿈들이 산다.

스페이스 1-15
Space 1-15

WAY 지하철 니시주핫초메 역 5번 출구 도보 5분
ADD 札幌市中央区南1条西15丁目 1-319
WEB www.space1-15.com

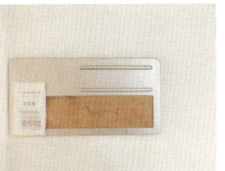

예쁘고 다정한 쿠키

이것도 예쁘고, 이것도 아름답다. 주얼리숍에 간 건 아니었습니다만. 디스플레이가 근사한 숍에서 보석처럼 영롱한 자태를 빛내고 있는 쿠키들을 잔뜩 사고 말았습니다.
예쁘고, 다정한 맛. 쿠키는 모름지기 이래야지, 하는 생각이 드는.

캡슐 몬스터
CAPSULE MONSTER

WAY 스페이스 1-15 503호
TEL 011-633-0656
OPEN 12~19
CLOSE 월~수
WEB www.capsulemonster.net

포옹 혹은 수프의 위로

매서운 바람에 코트 깃을 세우고 종종 걸음치다 들어선 방 안에 훈훈한 공기가 부드럽게 포옹하듯 감싸주고 맛있는 냄새가 살며시 풍겨오는 겨울의 어느 오후, 그곳의 문을 열고 들어간 순간 왠지 모를 안도감이 들었다. 작은 주방에서 사부작사부작 움직이며 빵을 반죽하고 파스타 면을 삶는 자그마한 몸집의 주인을 바라보고 있자 기억이 어렴풋한 영화가 떠올랐다. 색은 적고 대사도 거의 없이 주인공의 작은 동작만을 집중해서 바라보게 되는 아련한 수채화 같은 영화. 주문하고 시간이 다소 지났지만 기다리는 게 지루하지 않다. 맛있는 냄새에 견딜 수 없을 만큼 안달 나 있지만 애써 침착한 표정을 지은 채 다음에는 어디에 갈까, 하는 대사를 소곤소곤 나누는 것이 우리에게 주어진 배역이다. 이윽고 음식이 나왔다. 스튜를 한입 떠먹자 으음, 소리가 절로 나고 향긋한 냄새가 풍기는 빵은 목화솜처럼 포근하였다.

키친 토로이카
KITCHEN
TOROIKA

WAY 스페이스 1-15 401호
TEL 011-644-0121
OPEN 12~20
CLOSE 월~수
WEB toroika401.blogspot.kr

건강한 밥 한 끼

엄마는 훌쩍 커서 집을 떠나 가끔 얼굴 비치는 딸을 볼 때마다 '야위었다' 말하며 밥을 차려준다. 아욱, 근대, 고사리, 시금치, 취나물, 볶거나 조물조물 무친 나물이 대여섯 가지, 서너 종류 김치와 장아찌, 굴비도 굽고 된장국에 갓 지은 밥 한 그릇, 상이 미어터진다. 내가 돼지야, 명절도 아니고 왜 이렇게 많이 차려. 나는 밉살스러운 소리나 하면서 먹기는 넙죽 받아먹는다. 고향 집에서 엄마 밥을 먹으면 아픈 데도 낫고 일과 사람에게 받은 스트레스와 상처에도 대범해질 수 있을 것만 같다. 담쟁이넝쿨이 가득 드리워진 빨간 지붕의 오래된 집, '먹고 살기 연구소'라는 정직한 이름의 소담한 카페에서 정성스레 차려진 밥을 먹으며, 엄마의 밥을 떠올렸다. 백 퍼센트 좋은 마음만으로 차려낸 든든한 밥. 카페의 주인은 후쿠시마에서 4대째 과수원을 운영하다 원전 사고 이후 건강하고 안전한 삶을 찾아 삿포로로 거처를 옮기고 가게를 열었다고 한다. 가게에서 이용되는 식재료는 농장에서 직접 재배하거나 안전한 생산지에서 엄선한 것이다.

다베루토
쿠라시노켄큐쇼
たべると
くらしの研究所

WAY 전차 니시센주이치조 역에서 도보 10분
ADD 札幌市中央区南9条西11丁目3-12
TEL 011-522-8235
OPEN 11~17
CLOSE 일~화
WEB www.taberutokurashi.com

느긋하게 살고 싶다

큰길에서 살짝 접어드는 골목 초입에 오래된 이발소와 이웃해 있는 작은 카페. 빈자리가 없어 실망하는 순간, 한 청년이 일어나 자리를 내어준다. 미안해하자 괜찮아요, 전 매일 오는 걸요, 하는 듯한 미소를 남기고 가게를 나간다. 청년이 내어준 자리는 길가로 향한 창문가, 작은 문고본이 가지런히 놓여있다. 에쿠니 가오리, 요시모토 바나나, 마스다 미리. 햇볕과 손길에 자연스레 닳은 감촉이 좋아 한 장 한 장 넘겨본다. 언젠가는 혼자 힘으로 운영할 수 있는 작은 카페를 열고 싶다고 생각했던 주인은 그 바람대로 10평 남짓한 공간에서 바지런히 나폴리탄을 만들고 커피를 내리며 손님을 맞는다. 오픈 시간은 오후 1시, 런치는 하지 않는다. 느긋하게 살고 싶기 때문이다. 손님이 가득하지만 비좁거나 소란스럽지 않다. 이 공간을 소중히 여기는 주인의 마음과 그것을 존중하는 손님들의 배려가 자연스레 녹아들어 있다. 부드러운 푸딩처럼 마음이 말랑말랑해진다. 조금 더 이렇게 앉아있고 싶다. 가게 이름인 '츠바라츠바라' 는 일본의 오래된 시집에 나오는 구절로, '마음속에 절실히 남아 있다' 란 뜻이다.

카페
츠바라츠바라
つばらつばら

WAY 전차 니시주고초메 역에서 도보 3분
ADD 札幌市中央区南一条西13-317
　　 三誠ビル 1F
TEL 011-272-0023
OPEN 13~23
CLOSE 화요일 · 매월 둘째 수요일

스며드는 풍경

츠바라츠바라 카페의 커피가 맛있었다. 사토 커피의 원두를 쓰고 있다고 했다. 아침 일찍 카페를 찾아가는 길, 햇볕이 유독 좋다. 하얀색 주사위 같은 건물에 부드럽게 흘려 쓴 sato coffee. 가게에 들어가자마자 커피 냄새가 풍긴다. 강하고 향기롭고 신선한.

푸른 벽, 진한 색의 너른 원목 테이블, 이른 아침의 말간 햇살이 어룽거린다. 담배를 피우며 신문을 읽고 있는 손님. 그 앞에 놓인 토스트와 커피는 조금 잊혀진 채다. 저 사람들은 분명 작가와 편집자구나 싶은 손님 둘이 원고를 사이에 두고 소곤소곤 대화를 나누고 혼자 온 젊은이는 커피를 한 모금 마시더니 노트북을 펼친다. 일상의 풍경에 우리도 조용히 한 자리를 차지해본다. 붉은 열매의 즙을 끼얹은 구름을 닮은 치즈케이크, 커피에서 오늘의 냄새가 난다. 아침은 이런 것이다.

사토 커피
Sato Coffee

- WAY 지하철 니시니주핫초메 역에서 도보 10분
- ADD 札幌市中央区宮の森1条6丁目5-15 1F
- TEL 011-688-6697
- OPEN 10~19
- WEB sato-coffee.jp

햇살은 그곳에 남아

근처까지 갔는데 헤매다 이시다 커피점 가는 길을 물었다. 길가에 내놓은 의자에 앉아 한가롭게 광합성을 하던 젊은이가 싱긋 웃으며 대답했다. 이 길을 쭉 따라 가면 커피향이 나는 집이 나와요. 이 얼마나 산뜻한 길 안내인가. 이시다 커피점은 삿포로 시내의 카페와 베이커리 곳곳에 원두를 제공할 정도로 질 좋은 원두와 뛰어난 로스터링으로 유명하다. 지난번 들렀던 '먹고 살기 연구소' 카페에서도 이시다 커피를 쓰고 있었다. 로스터링 공간이 먼저 보이는 가게 안의 아치문을 살짝 통과하니 카페라기보다는 응접실 같은 공간이 나타난다. 수수하지만 자신의 취향이 분명한, 그 취향을 칭찬하면 얼굴을 살짝 붉히며 조용한 미소를 지어줄 것 같은 주인의 응접실. 단정한 접시에 담긴 푸딩과 롤케이크, 향기로운 김이 솟아나는 커피 표면에 햇살이 비쳐 무지개가 어른거렸다. 무지개가 담긴 커피를 천천히 마시기 시작했다.

원두를 여러 종류 사와서 집에서 커피를 내려 보았지만 그 날, 그곳의 무지개의 맛은 나지 않았다.

이시다 커피
石田珈琲店

WAY 지하철 기타주하치조 역에서 도보 3분
ADD 札幌市北区北16条西3-1-18
TEL 011-792-5244
OPEN 11~19
CLOSE 화·수
WEB www.ishidacoffeeten.com

상냥한 아침

여행지의 숙소를 고를 때는 타인의 평가나 감에 의존할 수밖에 없는데, 선택의 만족도는 묵고 나봐야 알 수 있는 것이다. 물론 숙박료가 비싼 호텔이 좋을 확률이 높다. 하지만 그보다는 침대 머리맡에 콘센트가 많았다거나, 비치된 어메니티가 좋았다거나, 청소가 꼼꼼했다든가, 호텔 직원이 아침에 우산을 챙겨줬다거나 하는 사소한 부분이 그 호텔의 인상을 결정짓는 것을 여러 번 경험했다. 호텔 맨 위층에 있는 조식 식당 창가 자리에 앉자 슬머시 미소가 새어나왔다. 대관람차가 보이는 창 아래로 일본 가정 요리가 소담하게 차려져 있다. 신선한 해산물을 듬뿍 올린 카이센동을 한 그릇 만들어 든든한 아침을 먹었다. 조식이 맛있는 호텔을 조금, 아니, 실은 많이 좋아하는 편이다.

네스트 호텔
삿포로 오도리
Nest Hotel
Sapporo Odori

WAY 지하철 오도리 역 3번 출구 도보 3분
ADD 札幌市中央区南二条西5-26-1
TEL 011-242-1122
WEB www.nesthotel.co.jp/sapporoodori/ko

Otaru

운하와 오르골당, 스테인드글라스, 붉은 탑이 서있는 메르헨 거리, 시간이 멈춘 거리를 밝히는 가스등, 그리고 영화 〈러브 레터〉. 그 자체가 동화의 세상인 오타루. 삿포로 서쪽에 위치한 항구 도시인 오타루는 무역과 금융의 중심으로, 일찌감치 운하가 지어졌고 홋카이도 최초의 철도가 개설되었다. 메르헨 교차로부터 오타루 운하까지 이어지는 약 1km의 거리 사카이마치도리는 과거 유리 공업이 번성하던 곳으로, 지금도 당시의 모습을 그대로 간직하고 있다. 오타루 여행은 바다를 끼고 달리는 열차 안에서 시작된다. 미나미 오타루 역에서 내려 메르헨 사거리의 오르골당과 유명한 과자점에 들른 후 작은 공방을 구경하며 느긋하게 걸어 운하에 도착해 가스등이 나직한 빛을 밝히는 밤을 뒤로 하고 오타루 역으로 향했다. 동화의 세상을 떠날 시간이었다.

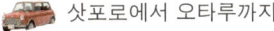 삿포로에서 오타루까지

삿포로 역에서 JR열차 이용. 급행(35분 소요)과 보통열차(50분 소요)가 있는데 급행열차는 좌석을 지정 예매할 수 있다. 신치토세 공항에서 오타루 역까지는 1시간 10분 소요.

바다를 달리는 기차

홋카이도 열차라는 단어는 어쩐지 낭만적이다. 내가 아니어도 될 곳으로 나를 데려다줄 것 같다. 하지만 여행의 끝에서 만나는 것은 - 일상에서 잊고 있던 나를 발견하는 일. 바다를 끼고 기차는 길게 달린다.

오타루에 가기 위해 아침 일찍 삿포로 JR역으로 갔다. 오타루 행 열차는 급행과 보통열차가 있다. 각각 35분, 50분이 걸리므로 탑승 시간은 크게 차이가 없지만 급행열차는 좌석을 지정해서 예매할 수 있다. 우리는 자리를 잡고 에키벤을 먹어보겠다는 일념으로 급행열차 표를 구입했다. 창밖 풍경에 눈이 팔린 데다가 냄새를 풍기며 도시락을 먹을 용기를 차마 내지 못하여 결국 열차 안에서 에키벤은 먹지 못했지만. 도시락을 골라 기차에 올라탈 때의 기분만큼은 정말 신났다.

두 계절의 기차 역

역사 건물 아래 비를 피하던 고양이와 초록 담쟁이가 무성하던 역은 계절을 건너 하얀 눈에 덮여 있었다. 연한 비둘기 빛 하늘 아래, 눈 덮인 마을은 기억의 윤곽을 희미하게 드러냈다. 잠시 멈췄던 기차가 떠나 버리고 나자 이유도 모른 채 조금 외로워졌다.

미나미 오타루 역 南小樽駅	WAY JR삿포로 역에서 보통열차로 50분 소요
	ADD 小樽市住吉町10-7
	TEL 0134-23-0362
	WEB www.jrhokkaido.co.jp

메르헨의 멜로디

손으로 태엽을 감으면 나지막하게 웅얼거리는 듯한 오르골 소리를 좋아한다. 여행지에서 산 오래된 오르골이 몇 개 집에 있다. 아직 소리가 나나, 하고 태엽을 돌려보면 어김없이 작은 새소리 같은 노래가 조용히 흘러나온다. 낯선 도시의 시장 좌판 혹은 신기한 것들이 가득 쌓인 작은 가게 한 구석에서 태엽을 감아 노래를 하나하나 들어본 뒤 오르골을 고르던 내 모습이 떠오른다. 오르골은 추억의 물건이다. 메르헨 교차로에 위치한 오르골당 본관은 전 세계 오르골과 오타루 장인들이 만든 오르골 3만여 점을 전시, 판매한다. 건물 앞에는 캐나다의 시계 장인이 만든 증기 시계가 있는데, 15분마다 증기가 내뿜으며 멜로디를 연주한다.

오타루
오르골당 본관
小樽
オルゴール堂

WAY JR미나미오타루 역 도보 5분
ADD 小樽市住吉町4番1号
TEL 0134-22-1108
OPEN 9~18(금~일, 휴일 전일, 여름 시즌 9~19)
WEB www.otaru-orgel.co.jp

눈의 거리, 치즈케이크의 성

메르헨 사거리, 붉은 색 탑이 솟은 건물은 이 거리를 동화적인 풍경으로 만든다. 과자점 르타오다. 오타루에서 초콜릿 전문 숍으로 시작한 르타오는 더블프로마주 치즈케이크가 선풍적인 인기를 끌며 홋카이도를 대표하는 스위츠 브랜드로 부상했다. Le TAO란 이름은 프랑스어로 La Tour Amitié Otaru의 머리 글자를 딴 것, 뜻은 '친애하는 오타루 탑'이라고 한다. 혹은 오타루를 거꾸로 한 발음이 비슷한 데서 연유했다고도 한다. 오타루 거리에는 본점 외에 르타오 지점이 여러 곳 있다. 본점 2층 카페는 짙은 나무 테이블이 놓여 있는 널찍한 공간에 사람들이 가득했다. 우리가 주문한 것은 더블프로마주 치즈케이크 세트. 향긋한 티를 한 모금 마신 뒤 케이크를 한 입 맛보자마자 웃지 않을 수 없는 맛이 입 안 가득 퍼진다.

주위를 둘러보니 모두 행복한 얼굴이다. 본능적으로 우리는 달콤한 맛에 끌리는 게 아닐까.

르타오
Le TAO

WAY 메르헨 교차로 오르골당 맞은편
ADD 小樽市堺町7-16
TEL 0134-31-4500
OPEN 9~18
WEB www.letao.jp

르타오 탑 꼭대기에는 둥근 지붕으로 둘러싸인 전망대가 있다.
사방으로 메르헨적인 풍경이 펼쳐진다.

달콤한 가게들

르타오 근처에는 홋카이도 대표 스위츠 브랜드인 기타카로와 롯카테이 매장이 아름다운 석조 건물에 나란히 이웃해 있다. 기타카로에서 인심 좋은 시식을 맘껏 누린 뒤 바움쿠헨과 오카키(센베과자)를 구입한 뒤 방앗간 앞 그냥 지나지 못하는 참새가 되어 롯카테이 매장 위층에서 커피 한 잔과 버터샌드도 먹었다.

롯카테이 六花亭
ADD 小樽市堺町7-22
TEL 0134-24-6666
OPEN 9~18
WEB www.rokkatei.co.jp

기타카로 北菓楼
ADD 小樽市堺町7-22
TEL 0134-31-3464
OPEN 9~18
WEB www.kitakaro.com

러브레터

오타루는 영화 <러브레터>의 무대다. 주인공이 자전거를 타고 빨간 우체통에 편지를 넣던 장면을 찍은 곳은 따로 있지만 메르헨 사거리에서 작은 우체국을 발견하고 엽서를 쓰기로 했다. 우리에게는 편지 받는 것과 세계 지도 보는 걸 좋아하는 쌍둥이 아가 조카가 있다. 아직 글을 읽지 못하는 아가들이라 엽서에 비행기, 양, 고양이, 아이스크림, 우유, 하트 등을 그려 넣으니 비밀 암호를 적어 넣은 수상쩍은 편지처럼 보인다. 마지막에는 '사랑해' 라고 적었다. 아가들이 '사랑해' 는 읽을 줄 안다. 며칠 후, 오타루 우체국 소인이 찍힌 엽서가 무사히 도착했다.

오타루 사카이마치 우편국
小樽堺町郵便局

WAY 메르헨 사거리
ADD 小樽市堺町6-14
TEL 0134-32-9074
OPEN 9~17
CLOSE 토·일

사카이마치도리 小樽堺町通り

메르헨 교차로부터 오타루 운하까지 이어지는 약 1km의 거리, 사카이마치도리. 옛 모습을 간직한 나븟한 건물들이 이어진 거리는 과거 유리 공업이 번성하던 곳이다. 운치 있는 건물들은 공방과 기념품숍, 카페, 식당 등의 다양한 숍으로 이용되고 있다.

붐비지 않는 한적한 곳, 물리적, 정신적으로 스페이스가 넓은 곳이 우리가 즐겨 선택하는 여행지지만, 모든 것이 낯설고 신기한 방문객들, 그들에게 친절한 동시에 무심한 현지인들, 어딘가 붕 떠 있는 분위기와 침착하게 유지되는 일상이 섞여있는 관광지의 모습도 그리 싫지는 않았다. 그 도시가 아니면 볼 수 없는 풍경이기 때문이다.

오래된 찻집

벽시계의 초침 소리, 창으로 들어온 빛이 움직이는 소리가 고요히 들려왔다. 거리가 내다보이는 창문을 경계로 두 개의 시간이 흐르고 있다. 조금 분주하고 들뜬 바깥 풍경이 나와는 상관없는 영화의 한 장면 같다. 짙은 색 나무 테이블이 침착하게 놓인 찻집 안이 오히려 오래된 무성 영화 같기도 하다. 찻집은 백 년 넘은 건물에 있다. 1907년에 지어진 쿠보 상점의 건물로, 사카이야라는 카페로 운영되다 쿠보야로 새롭게 오픈했다. 세월의 흐름이 자연스럽게 배어있는 나무 기둥과 천장의 서까래, 오래된 가구와 전통 그림이 놓인 고즈넉한 공간, 그 차분한 분위기가 마음을 사로잡는다. 주문한 젠자이가 나왔다. 하얗고 동그란 떡이 입속에서 녹듯이 뭉개지면서 뭉근한 온기가 고요하게 퍼졌다.

쿠보야
くぼ家

WAY 메르헨 교차로에서 운하 쪽으로 도보 1분
ADD 小樽市堺町4-4
TEL 0134-31-1132
OPEN 10~19
WEB www.otaru-glass.jp/store/kuboya

햇살 가득한, 어슴푸레한 장소

피아노 소리와 희미한 가스 냄새. 천장 가까이 난 작은 스테인드글라스 창으로 희미하게 스며드는 빛과 무수한 별이 몽롱하게 빛나는 밤이 조용히 펼쳐진 어슴푸레한 곳. 파닥이는 나방의 날갯짓 같은 박수 소리가 났다. 피아노 연주가 끝나 있었다. 잠시 졸았던 모양이다.

오타루의 대표적인 유리 공예 기업 기타이치가라스가 운영하는 기타이치 3관에는 유리 공예숍과 함께 카페로 운영되는 기타이치홀이 있다. 1891년에 세워진 목조 건물 안에 167개의 램프가 은은히 빛나고 있다.

기타이치홀
北一ホール

WAY 오르골당 본관에서 도보 1분
ADD 小樽市堺町7-26, 北一硝子三号館
TEL 0134-33-1993
OPEN 8:45~18
WEB www.kitaichiglass.co.jp

오타루의 초밥집

소문난 맛집에 찾아가 줄서서 먹는 것에는 의욕도 소질도 없지만 오타루까지 왔으니 초밥은 한 접시 먹어야지 싶었다. 만화 <미스터 초밥왕>의 고장 아닌가. 오타루에는 스시집이 모여 있는 스시거리가 있고 미슐랭가이드에 실린 유명한 초밥집도 있지만 우리는 오타루 운하 근처 조용한 동네에 위치한 작은 초밥집을 찾았다.

성실함이 느껴지는 초밥. 어렵게 찾아갔던 도쿄의 초밥집이나 입맛 없고 아플 때 생각나는 우리 동네 단골 초밥집보다 나은가 싶지만, 가끔은 객관적으로만 따질 수 없는 맛이라는 게 있다. 그 장소와 공기와 어우러져 자연스러운 표정을 짓는 음식은 다른 곳에서는 결코 맛볼 수 없기 때문이다.

히키메
ひきめ

WAY　JR미나미오타루 역에서 도보 10분
ADD　小樽市色内1丁目10-5
TEL　0134-25-1111
OPEN　11~20:30(브레이크 타임 있음)

두 계절의 풍경

초록 넝쿨이 가득한 건물이 물 위에 비치던 풍경도, 하얀 눈이 쌓인 길 아래로 고요히 흐르는 풍경도 아름다웠다.

오타루 운하는 메이지 시대부터 쇼와 시대 초기까지 홋카이도 유통의 거점이었던 오타루에 선박들의 화물 하선 작업을 위해 건설되었다. 길이 1.3km, 폭 40m의 운하는 1986년에 주위에 산책로를 정비하면서 오타루를 대표하는 관광지가 되었다. 운하 주변의 석조 건물은 예전에 창고로 이용되던 곳으로, 지금은 레스토랑과 카페, 공방으로 개조되었다. 푸르스름한 어둠이 내리고 운하를 따라 가스등이 밝혀지자 또 다른 동화의 세상이 고요히 열렸다.

오타루 운하
小樽運河

WAY JR미나미오타루 역에서 도보 10분
ADD 小樽市港町

고양이의 숨바꼭질, 기찻길

군산 철길 마을 같네, 하고 동생이 말했다. 나도 그렇게 생각하던 중이었다. 아마 지금의 카페 거리로 바뀌기 전의 조용한 철길 마을을 떠올렸을 것이다. 테미야선 선로는 1880년 개척 시대에 놓인 것으로 일본에서는 세 번째, 홋카이도 최초의 철도였다. 1985년까지 기차가 다니며 석탄과 수산물을 운송했다. 노선이 폐지되며 철길 주변에 공원을 조성해서 주민들의 휴식처로 이용되고 있다. 한적한 철길을 따라 걷는데 고양이 한 마리가 숨바꼭질을 하듯 나타났다 사라지기를 반복하며 따라온다. 우리는 짐짓 모른 척하며 고양이의 걸음으로 철길을 걷는다. 조용한 철길이 가장 북적이는 것은 2월 초 '눈빛거리축제'가 열릴 때다. 철로 주변에 눈으로 만든 조각상이 전시되어 촛불이 밝혀지고 입구에는 먹거리를 파는 노점이 들어선다. 삿포로 눈 축제에 비하면 참으로 작은 규모지만 소도시 특유의 친밀함이 넘치는 정다운 축제가 철길을 타고 펼쳐진다.

구 테미야센 선로
旧手宮線

WAY JR오타루 역에서 도보 10분
ADD 小樽市色内

Lake
Shikotsu

흰 눈을 뒤집어쓴 나무가 빽빽이 서있는 숲 사이로 버스는 끝없이 달렸다. 하얀 터널을 지나면 이 세상 아닌 곳에 도착할 것만 같다. 눈보라가 나비 떼처럼 달려든다. 드디어 멈춰선 버스에서 내린 순간 작은 탄성이 새어 나왔다. 눈앞에 펼쳐진 부시도록 푸른 호수. 고요히 흐르는 듯, 멈춰 있는 오묘한 푸른빛은 어디까지 닿아 있고 얼마나 깊을까. 얼지 않는 북쪽 끝 호수, 시코츠호. 일본에서 두 번째로 깊은 호수로, 화산 활동으로 생긴 칼데라 호다. 호수를 따라 미즈노우타 등의 온천 리조트가 모여 있으며 미즈노우타에서 약간 거리를 두고 마루코마 온센 료칸이 호젓하게 자리 잡고 있다.

 삿포로에서 미즈노우타까지

버스
신치토세 공항 버스정류장에서 28번 또는 1번 버스 탑승(약 55분 소요), 시코츠호 터미널에서 하차 후 도보 1분
송영 버스
신치토세 공항에서 온천까지 JR치토세 역과 미나미치토세 역을 경유하는 송영 버스 운행(50분 소요)
- 11월~3월 동안 삿포로 역과 온천까지 송영 버스 운행
- 송영 버스 예약은 전화나 홈페이지를 통해 가능하며, 적어도 투숙 3일 전에는 예약해야 하고 성수기에는 서두르는 게 좋다. 홈페이지 www.mizunouta.com, 전화 0123-25-2211

삿포로에서 마루코마까지

버스
신치토세 공항 버스정류장에서 28번 또는 1번 버스 탑승(약 55분 소요), 시코츠호 터미널에서 하차 후 송영 버스로 환승(15분 소요)
- 시코츠호 버스 정류장에서 여관까지 무료 송영 버스 운행(사전 예약 필수)
셔틀 버스
JR삿포로 역 북쪽 출구에서 셔틀 버스 탑승(약 1시간 30분 소요)
- 탑승 시간 13:30 (동절기 운영, 편도 요금 500엔, 사전 예약 필수)

시코츠호 しこつこ

북쪽 끝 호수

한적하고 나무가 많은 곳, 조용하고 깨끗한 물이 있으면 더욱 좋다. 빛을 가득 머금은 공기 속에 나붓이 바람이 불어오고 어디선가 작은 새소리가 들려오는 곳. 모든 것이 풍경이 되는 곳. 그 풍경을 느리게 바라볼 수 있는 곳을 좋아한다. 그런 곳에 갔다. 북쪽 끝 푸르고 맑은 호수.
우리는 잠자코 호수를 따라 쭉 걸었다. 걸으며 그리운 누군가를 잠시 떠올렸을 지도 모른다.

호수의 마을

이런 곳에는 어떤 사람들이 살고 있고 어떤 인생을 살아가는 걸까. 이런 곳에서 주말엔 아이스크림과 옥수수를 팔고 남은 시간에 글을 쓰고 산책하며 살았으면 좋겠다.

거기에 완전히 새로운, 청량한 세상이 있었다. 하얀 눈이 땅을 뒤덮고 호수는 햇빛에 반짝거렸다. 눈, 이토록 풍성하고 호사스런 눈을 본 적이 없다. 나뭇가지에 앉았던 새가 날아오르자 은빛 조각이 사방으로 흩날렸다.

호수의 아침, 밤의 여행자

여행에 대한 설렘의 상당 부분은 마음에 꼭 드는 숙소를 찾아내고 예약하는 데에 있는 게 아닐까. 호숫가에 위치한 '물의 노래'라는 낭만적인 이름의 숙소는 우리의 계획을 충족시키기에 모자람 없어 보였다. 우리의 계획이란 – 푹 쉬고 잘 먹는 것이었다.

전통 료칸과 달리 리조트 스파란 이름이 붙은 숙소는 모던하게 꾸며졌지만 어디까지나 자연친화적이다. 커다란 페치카가 놓인 로비는 숲속의 산장 같고 객실에서 레스토랑까지 이어지는 돌과 나무로 지은 긴 회랑을 걸을 때면 물과 바람 소리가 동행했다. 우리 방에는 작은 노천탕이 딸려 있었다. 호수 주변을 잠시 산책하고 차가워진 뺨을 한 채 호텔로 돌아와 김이 솟는 탕에 몸을 담갔다. 코끝은 서늘하고 물속은 따끈따끈하다. 올려다보니 달 없는 시린 밤에 별이 고요히 빛나고 있다. 탕에서 나와 침대는 놔두고 다다미 바닥 위에 이불을 깔고 아유, 좋다, 하며 차갑게 식혀둔 맥주를 마셨다. 있잖아, 신세계를 발견해 버렸어. 안마 의자에 앉아 있던 동생이 부르르 떨며 노곤노곤해진 목소리로 말했다. 조금 취해서인지 자꾸 웃음이 나왔다.

레이크 시코츠 쓰루가
리조트 스파 미즈노우타
水の謌

WAY 신치토세 공항에서 차로 40분
ADD 千歳市支笏湖温泉
TEL 0123-25-2211
WEB www.mizunouta.com

특히 좋았던 건 호텔의 식사였다. 홋카이도의 신선한 재료로 아침과 저녁 풍성한 뷔페가 차려진다. 호수가 보이는 풍경을 앞에 두고 아침을 먹는다. 솥뚜껑을 열어보니 그 안에 하얗고 참 예쁜 밥이 소담히 담겨있다. 슬며시 웃음이 나왔다. 떠나기도 전에 이곳에 다시 올 것 같다는 예감이 들었다.

벽난로가 좋은 마시멜로의 오후. 배가 차면 늘어지게 자는 코알라처럼 이곳에서는 한없이 게을러지고 싶다.

눈 내리는 소리만 있는 아침

호수를 따라 숲 사이로 난 길을 끝없이 달렸다. 눈을 돌리면 숲으로 사라지는 사슴의 뒷모습이 보였다. 하얗게 눈보라가 날렸다. 눈의 고장에 도착했다. 더운 물을 다기에 붓고 차가 우러나길 기다린다. 오래된 료칸은 낡았다는 느낌보다는 정성껏 잘 돌봐왔구나 하는 생각이 들었다. 단정한 다다미, 한쪽에 소박하게 꽂아놓은 국화꽃. 제일 좋은 건 방안에서 보이는 창 밖 풍경이다. 푸른 호수와 호수를 향해 난 눈 덮인 선착장. 찬합에 담긴 과자를 먹고 연두색으로 말갛게 우러난 차를 한 모금 마신다. 쌉싸래한 맛이 살며시 퍼져나간다. 차를 다 마시고 산책을 해야지. 사박사박 눈을 밟으며.

마루코마　　WAY　신치토세 공항에서 차로 50분
온센 료칸　　ADD　千歳市幌美内7番地
丸駒温泉旅館　TEL　0123-25-2341
　　　　　　　WEB　www.marukoma.co.jp

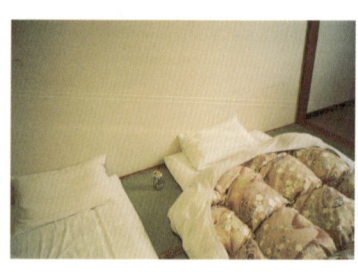

저녁은 가이세키 요리다. 료칸 규모가 큰 탓인지 코스로 내놓지 않고 한상 가득 차려낸다. 작고 예쁜 접시에 오밀조밀 담긴 요리가 올려진 상이 꽃밭처럼 화사하다. 신선한 회와 달걀찜, 채소 요리와 고기조림, 생선구이. 작은 화로 위에서 나베가 보글보글 끓는다. 국물이 자박한 유부주머니를 먹으려다가 무심코 들여다보게 된다. 그릇 속에 피어있는 꽃.

아침 일찍 노천탕에 들어갔다. 찻물을 닮은 물에서 하얀 김이 솟아오른다. 물이 만들어내는 고요한 소리만 있는 아침. 코끝에 부드러운 것이 살며시 내려앉는다. 눈이 흩날린다. 옆에 앉아 있던 낯선 여자와 눈이 마주치자 누가 먼저랄 것도 없이 생긋 웃었다. 고개를 돌리자 눈앞은 푸른 호수다. 고요한 눈발이 노천탕 위에, 호수 위에, 그리고 눈 쌓인 숲 위에 내려앉아 어느 것은 이내 사라지거나 닿지 않은 설탕물처럼 조용히 녹아들었다.

카레 향이 나는 료칸의 카페

호텔의 카페에서는 연한 카레 향이 났다. 손님은 우리뿐이다. 창가 자리에 앉으니 하얀 눈과 겨울 나무, 그리고 시리도록 푸른 호수가 내다보인다. 여기 온천물이 정말 좋대. 동생이 소곤거리듯 말한다. 손님은 우리뿐이지만 그렇게 말하는 것이 어울리는 곳이다. 나는 고개를 가만히 끄덕이며 카레가 먹고 싶다고 생각한다.

아마도 소설을 쓰는 것과 가장 비슷한 일은 낯선 풍경 속을 여행하는 것이리라. 우리는 그렇게 각자의 이야기를 품고 일상으로 돌아온다. 신선한 바람이 불어오는 어느 날, 우리는 다시 떠날 것이다.

홋카이도를 기억하는 작은 기념품

1 신치토세 공항에서 산 귀여운 시레토코 도너츠 2 팜도미타에서 산 아이스크림 모양 지우개 3 닝구르테라스에서 산 집 모양 만화경 4 하나 시치요 카페에서 산 후라노 집 모형 5 롯카테이 최고의 인기 제품 마루세이버터샌드와 딸기 초콜릿 6 이시다 카페에서 산 원두 7 스텔라 플레이스에서 세일 기간에 산 고무 장화 8 후라노 마르쉐에서 산 푸딩 잼 9,17 디앤디파트먼트에서 산 빈티지 접시와 여행서 10 비에이 센카에서 산 다이스밀크 11 후라노 마르쉐에서 산 멜론티 12 용기가 예뻐서 가져온 키노토야의 푸딩 병 13 다쿠신칸에서 산 마에다 신조의 엽서 세트 14 팜도미타에서 산 라벤더 압화 책갈피 15 마루야마동물원에서 산 동물 마그넷 16 비에이 마츠리에서 산 양 목각 인형

홋카이도 여행법

홋카이도는 어떤 곳?

일본 최북단에 위치한 홋카이도는 본토인 혼슈 다음으로 큰 섬이다. 약 8만3천㎢로 남한의 80% 정도의 면적에 인구는 530만 정도로, 높고 낮은 산 아래 숲과 들이 드넓게 펼쳐져 있다. 러시아의 시베리아, 사할린과 인접해 있고 제2차 세계대전 중에는 탄광·광산개발에 많은 한국인들이 강제 징용되기도 했다. 2019년은 홋카이도가 '홋카이도'라는 이름을 얻은 100주년 되는 해다. 그 전에는 홋카이도의 주인인 아이누족의 땅 '에조치'였다. 그래서 홋카이도의 지명 중에는 아이누어에서 유래된 것이 많다. 삿포로는 '마르고 넓은 땅'이라는 '삿포로펫', 비에이는 '기름기가 도는 강'이라는 '피이에', 후라노는 '용암과 불에 달군 돌이 많은 곳, 냄새나는 불꽃'이라는 '후라누이'라는 아이누어에서 유래했다. 메이지유신 이후, 1869년 홋카이도 개척이 시작되며 본토인들이 이주해 논밭을 개간했다. 눈이 많고 겨울이 긴 기후지만 이 속에서 살아가는 사람들에게 너른 들은 풍성한 선물을 안겨준다. 홋카이도는 일본에서 쌀 생산량이 2위, 감자·아스파라거스·옥수수의 집산지며 낙농업으로 유명하다. 그리고 신비로우리만큼 아름답고 평화로운 풍경마저, 자연은 우리에게 아낌없이 준다.

홋카이도의 날씨

냉대 습윤 기후에 속하는 홋카이도는 여름과 겨울의 기온차가 크고, 일교차가 심하다. 겨울이 길고 눈이 많아 세계적인 규모의 눈 축제가 삿포로에서 열리기도 하지만 삿포로를 포함하는 홋카이도 남부의 기온은 한국과 비슷하거나 조금 낮은 정도다. 여름의 평균 기온은 영상 20도 안팎으로 한국보다 서늘한 편이고 비가 적어 더위를 피해 여름에 홋카이도를 찾는 여행객이 많다. 삿포로 시내는 폭설과 추위에 대비해 지하 아케이드와 건물 난방이 잘 되어 있으므로 입고 벗기 쉽게 옷을 여러 겹 껴입는 게 좋고 방수·방한화와 장갑, 털모자를 준비하면 유용하다. 여름철에는 밤에 걸칠 수 있는 가벼운 점퍼나 카디건을 준비하는 게 좋다. 삿포로는 추운 도시라는 이미지가 강했지만 최근에는 겨울의 최저기온이 영하 10도 이하까지 내려가는 일이 드물어진 반면, 여름의 최고 기온이 30도 이상 넘어가는 일이 많아졌다.

홋카이도 항공 편

삿포로 신치토세 공항까지 직항편이 있으며 2시간 30분 정도 소요된다. 대한항공과 아시아나항공을 비롯해 진에어와 티웨이항공, 제주에어, 에어부산(김해공항 출발) 등의 항공편이 있다. 삿포로와 오타루를 중심으로 비에이 · 후라노, 시코츠호 등은 모두 신치토세 공항에서 JR이나 버스, 렌터카로 이동하면 된다.

홋카이도 열차

철도는 홋카이도를 여행하는 가장 편리한 교통수단이다. 홋카이도 전역을 운행하는 열차를 이용해 홋카이도 일주를 하는 여행객들도 많다. 홋카이도 일주 여행을 위해서는 JR패스를 구입하는 것이 좋다. 열차 종류로는 도쿄에서 신하코다테호쿠토 역까지 운행하는 신칸센, 주요 역에만 정차하는 급행열차, 대부분의 역에 정차하는 보통열차, 여름 성수기나 겨울 유빙시즌에만 운행하는 관광열차가 있다. 열차 티켓은 JR티켓 창구에서 구입할 수 있으며, 근거리 보통열차 승차권은 자동발매기에서 구입할 수 있다. 영어 안내가 되는 자동발매기가 있으며 신용카드도 사용할 수 있다.

렌터카

삿포로 시내는 걷거나 지하철을 이용해 충분히 돌아볼 수 있지만 삿포로를 벗어나 홋카이도의 호젓한 자연을 즐기고 싶다면 렌터카를 이용하는 것이 좋다. 홋카이도는 워낙 넓고 대중교통이 잘 발달되어 있지 않은 곳이 있기 때문이다. 특히 비에이와 후라노를 느리게, 구석구석 여행하고 싶다면 렌터카를 이용해봄 직하다. 우리나라와 운전석이 반대고 교통 체계가 조금 다르지만 한적하고 차가 별로 없는 비에이 지역에서는 그리 어렵지 않게 운전할 수 있을 것이다. 단, 겨울철 눈이 많이 쌓여 있을 때는 빙판 길에 철저히 준비하고 조심, 또 조심해야만 한다. 렌터카 회사로는 도요타 렌터카, JR 에키렌터카, 닛산 렌터카, 닛폰 렌터카, 오릭스 렌터카, 니코니코 렌터카 등이 있으며 홈페이지 혹은 전화로 예약하면 된다.

- 국제면허증은 전국 운전면허 시험장이나 지정 경찰서에서 신청하면 즉시 발급되며, 발급일로부터 1년 동안 유효하다. 신청시 본인 여권, 운전면허증, 여권용 사진 1매, 수수료 8천5백 원이 필요하다.
- 일본 자동차는 드라이브 상태일 때는 내비게이션으로 검색을 할 수 없다. P상태나 핸드 브레이크가 당겨진 상태에서만 조작할 수 있으니 출발 전에 목적지를 입력해야 한다.
- 맵코드

내비게이션에 주소나 전화번호 대신 맵코드를 입력하면 길 찾기가 좀더 편리해진다. 맵코드는 일본 댄소Danso 사가 만든 전국의 위치 식별 코드로, 6~10자리 숫자와 *표시로 이루어진 번호다.

홋카이도의 맛

01
징기스칸
둥근 숯불 화로 위에 양고기와 양파, 숙주 등의 채소를 구워 먹는 요리로, 삿포로를 대표하는 음식.

02
수프카레
구운 고기와 해물, 채소 등을 올려내는 수프카레는 삿포로에서만 맛볼 수 있는, 삿포로인의 소울 푸드.

03
카이센동
생선과 성게 알, 대게, 전복, 가리비, 새우 등의 해산물을 밥 위에 올려 먹는 신선한 한 그릇.

04
미소라멘
돼지 뼈와 고기를 푹 끓인 국물에 일본식 된장인 미소를 풀어 구수하고 진한 맛이 특징인 라멘.

05
초밥
해산물로 유명한 삿포로의 초밥은 수준이 높다. 만화 〈미스터 초밥왕〉의 무대인 오타루에는 스시거리가 있다.

06
오므카레
후라노의 오므카레는 카레에 오믈렛을 얹은 요리. 후라노산 재료만 이용하고 귀여운 깃발을 꽂아낸다.

07
털게
삿포로 주변의 해역은 털게 산지로 유명하다. 회와 초밥, 구이, 찜 등으로 구성된 코스 요리가 인기.

08
유제품
맛있기로 소문난 홋카이도 우유로 만든 아이스크림, 치즈, 요쿠르트 등의 맛 역시 두말하면 잔소리.

09
옥수수
톡톡 터지는 식감과 단맛이 최고. 구워 먹어도 맛있지만 생것으로 아삭하게 먹어도 정말 맛있다.

10
스위츠
롯카테이, 기타카로, 르타오 등의 유명 과자점을 비롯해 근사한 스위츠숍이 즐비해, 홋카이도 여행은 더욱 즐겁다.

11
삿포로 맥주
삿포로의 음식과 날씨, 공기와 그야말로 잘 어울리는 맥주. 거품을 풍성히 낸 생맥주는 꼭 맛보아야만 한다.

12
유바리 멜론
속이 노란 유바리 멜론은 당도가 높고 즙이 풍부하다. 유바리 멜론을 이용한 아이스크림과 캐러멜 등도 인기.

쇼핑

삿포로 역은 기차와 지하철이 통과하는 교통의 요지다. 출구를 나오면 다섯 개의 쇼핑몰(JR타워, 스텔라 플레이스, 아피아, 에스타, 파세오)이 있다. 규모가 크고 유동인구가 많아 층별 안내지도를 미리 보는 게 좋다. 여권을 지참하면 면세·할인 혜택을 제공하는 매장도 있다. 한 정거장 거리인 버스센터마에 역에 있는 삿포로 팩토리는 다양한 상품을 원하는 여행객이 찾을 만한 복합 쇼핑몰이다. 오도리 역 근처에도 백화점과 다양한 숍이 있다.

다이마루 삿포로점 大丸札幌店

삿포로에서 가장 큰 규모의 백화점으로 JR삿포로 역과 연결되어 있다. 지하 1층의 식품관에서 홋카이도에서 생산되는 다양한 과자와 유제품을 판매한다. 세일 기간을 이용하면 저렴하게 쇼핑 가능.

way JR삿포로 역 남쪽 출구
open 10~20
add 札幌市中央区北5条西4丁目7
tel 011-828-1111
web www.daimaru.co.jp/sapporo

스텔라 플레이스 Sapporo Stellar Place

다이마루 삿포로점과 연결된 멀티플렉스 쇼핑몰로 다이마루 백화점에 비해 좀더 캐주얼한 느낌의 의류 브랜드와 영화관, 레스토랑 등이 입점해 있다. 구매한 매장에서 바로 면세 혜택을 받을 수 있어 편리하다. 회전 스시점 하나마루가 있는 6층의 식당가는 늘 사람들로 북적인다.

way JR삿포로 역 남쪽 출구와 연결
open 10~21(숍), 11~23(식당가)
add 札幌市中央区北5条西2丁目
tel 011-209-5100
web www.stellarplace.net

삿포로 이스타 Sapporo Esta

JR삿포로 역과 연결된 대형 쇼핑몰로 전자제품 판매점인 빅카메라 홋카이도 1호점과 유니클로, ABC마트 등이 입점되어 있다. 10층의 식당가에는 삿포로 라멘 공화국이 있다.

way JR삿포로 역 남쪽 출구에서 도보 3분
open 10~21(숍), 11~22(식당가)
add 札幌市中央区北5条西2丁目
tel 011-213-2111
web www.sapporo-esta.jp

아피아 Apia

JR삿포로 역과 지하철 삿포로 역 사이의 지하에 위치한 쇼핑몰. 돔 모양의 지붕이 특징.

way JR삿포로 역
open 10~21(숍), 11~21:30(레스토랑)
add 札幌市中央区北5条西3·4丁目
tel 011-209-3500
web www.apiadome.com

파세오 Paseo

200여 개가 넘는 패션숍과 레스토랑 등이 테마별로 구성. 스페인어로 산책길이라는 이름에 걸맞은 편안한 인테리어가 특징.

way JR삿포로 역 북쪽 출구 지하
open 10~21(숍), 10~22(레스토랑)

add 札幌市北区北6条西2丁目
tel 011-213-5645
web www.e-paseode.com

폴타운 · 오로라타운 Pole town · Aurora town

오도리 공원에서 지하철 난보쿠센 스스키노 역까지 남북으로 연결된 400m 길이의 폴타운과 JR 오도리 역에서 삿포로 티비 타워까지 지하에 위치. 의류점과 잡화점, 레스토랑, 패스트푸드점 등이 입점. 비나 눈이 왔을 때 이동하기 편리하다.

way 지하철 오도리 역에서 연결
open 10~20
close 매장에 따라 다름
add 札幌市中央区 大通り3丁目
web www.sapporo-chikagai.jp

삿포로 팩토리 Sapporo Factory

1876년에 창업한 일본 최초의 맥주 공장 자리에 세운 대형 상업복합시설로 쇼핑몰, 레스토랑, 호텔 등 160여 개의 매장이 들어서 있다.

way 팩토리행 88번 버스로 10분, 지하철 도자이센 버스센타마에 역에서 도보 5분
open 10~20(숍), 11~22(레스토랑)
add 札幌市中央区北2条 東 4丁目
tel 011-207-5000
web www.sapporofactory.jp

다누키코지 狸小路

니시 잇초메에서 니시 나나초메까지 1km에 이르는 아케이드 상가. 총 7개 블록에 음식점과 다양한 200여 개의 숍이 모여있다. 돈키호테도 이곳에 있다.

way JR삿포로 역 남쪽 출구에서 도보 10분
open 상점에 따라 다름
add 札幌市中央狸小路1丁目
tel 011-241-5125
web www.tanukikoji.or.jp

이토요카도 Ito Yokado Susukino

일본의 유명 체인형 수퍼마켓으로 백화점이나 편의점보다 저렴한 가격에 유제품이나 음료수 등을 구입할 수 있다.

way 지하철 스스키노 역에서 지하로 연결
open 10~21
add 札幌市中央区南4条西4丁目-1 2 札幌
　　ラフィラ B1F
tel 011-513-5111
web www.itoyokado.co.jp

비에이 센카 美瑛選果

일본의 농협과 같은 기관인 JA에서 운영하는 매장으로, 비에이에서 자란 농산물과 가공 제품을 판매한다. 신선한 농산물을 구경하는 것만으로도 재밌지만, 간단한 시식도 가능하며 예쁜 디자인의 잼이나 과자 같은 간식거리는 선물용으로 구입하기 좋다. 디저트를 판매하는 센카공방과 비에이산 밀가루를 사용한 빵 판매점인 코무기공방, 레스토랑 아스페르쥬가 함께 운영 중.

way JR비에이 역에서 차로 5분
open 4월~5월 · 9월~10월 9:30~17,
　　　6월~8월 9~18, 11월~3월 10~17
close 수요일 · 코무기공방과 센카공방은
　　　11월~3월 휴무
add 上川郡美瑛町大町2丁目
tel 0166-92-4400
web bieisenka.jp

후라노 마르쉐 Furano Marche

후라노의 농산물을 판매하는 파머스 마켓 HOG-AR, 가공품과 기념품을 판매하는 ARGENT, 푸드코트와 카페 등이 넓은 광장을 중심으로 입점되어 있다. 놀라울 정도로 많은 제품의 구성과 종류, 세련된 디자인을 선보이며, 관광안내소가 있어 관광객들의 편의를 돕는다.

way JR후라노 역에서 도보 10분
open 10~19
close 홈페이지 참조
add 富良野市幸町13番1号
tel 0167-22-1001
web www.furano.ne.jp/marche

숙소

좋은 숙소에 대한 생각은 사람마다 다르지만, 홋카이도에서 숙소를 선택할 때는 조식을 그 기준으로 잡아보는 것도 좋다. 많은 호텔에서 신선한 홋카이도산 채소와 해산물을 이용한 맛있는 음식을 제공하기 때문이다. JR삿포로 역 부근의 호텔에 묵으면 삿포로 이외의 지역을 여행하기에 편리하고 스스키노 지역의 호텔에 묵는다면 도보로 주변 맛집을 탐방할 수 있는 것이 장점. 나카지마 공원 쪽의 호텔은 비교적 가격이 저렴하고 조용하게 지낼 수 있다. 대형 호텔이나 료칸이 많지 않은 비에이와 후라노에선 개인이 운영하는 펜션에서 묵을 수 있다. 대부분의 펜션은 욕실과 화장실을 공용으로 사용하고 텔레비전이 없어 불편할 수도 있지만, 목가적인 풍경 속에서 쏟아지는 별을 바라보며 잠이 들고, 숙소 주인이 정성껏 준비한 식사를 하며 일본 가정집에서 묵어보는 특별한 경험을 할 수 있다. 특히 홋카이도산 재료를 사용해 주인장의 개성을 더한 식사가 펜션 선택의 기준이 되기도 한다. 원하는 숙소에 묵기 위해선 미리 예약하는 것이 좋다.

삿포로

호텔 선루트 삿포로 Hotel Sunroute Sapporo hotel-sunroute.co.jp
호텔 몬테레이 삿포로 Hotel Monterey hotelmonterey.co.jp/en/sapporo
호텔 그레이서리 삿포로 Gracery Sapporo gracery.com/sapporo
크로스 호텔 삿포로 Cross Hotel Sapporo crosshotel.com/sapporo
다이와로이넷 호텔 삿포로 스스키노 Daiwa Roynet Hotel Sapporo Susukino daiwaroynet.jp/susukino
미츠이 가든 호텔 삿포로 Mitsui Garden Hotel Sapporo gardenhotels.co.jp/sapporo
라장스테이 La'gent Stay Sapporo Odori Hokkaido lagent.jp/sapporo-odori
네스트 호텔 삿포로 오도리 Nest Hotel Sapporo Odori nesthotel.co.jp/sapporoodori
호텔 네츠 삿포로 Hotel Nets Sapporo hotelnets-sap.jp
도미 인 삿포로 아넥스 핫 스프링 Dormy Inn Sapporo ANNEX hotespa.net/hotels/sapporo_ax
카락사 호텔 삿포로 karaksa hotel Sapporo karaksahotels.com/sapporo
언와인드 호텔앤바 UNWIND HOTEL &BAR hotel-unwind.com
삿포로 엑셀 호텔 도큐 Sapporo Excel Hotel Tokyu sapporo-e.tokyuhotels.co.jp
프리미어 호텔 나카지마 파크 삿포로 PREMIER HOTEL NAKAJIMA PARK SAPPORO
https://premier.premierhotel-group.com/nakajimaparksapporo
텐투텐 Ten To Ten tentotentoten.com
호텔 포트멈 Hotel POTMUM potmumhotel.jp
메자마시 샌드위치 카페 & 호스텔 Mezamashi Sandwich Cafe & Hostel mezamashi-sandwich.co
그리드 삿포로 호텔 & 호스텔 Grids Sapporo Hotel & Hostel grids-hostel.com/hostels/sapporo

비에이

호텔 라베니르 Hotel Lavenir biei-lavenir.com
모리노료테이 비에이 森の旅亭 びえい biei-hotel.com
비브레 bi-ble bi-ble.jp/hotel
펜션 키노우타 Pension 木のうた kinouta.web.fc2.com
펜션 켄과 메리 Pension KEN&MARY pensionkenmary.com
톰테룸 Pension tomte rum tomterum.com
　　　예약 방법 전화&팩스 0166-92-5567(영어 가능) 이메일 문의 tomterum@abelia.ocn.ne.jp
알프롯지 Alp Lodge BIEI alp-lodge.com
　　　예약 방법 전화 0166-92-1136 이메일 문의 alp-lodge@memoad.jp
쿰푸샤 KUM PU SHA biei.com/kumpusha
　　　예약 방법 전화&팩스 0166-92-0992 이메일 문의 kumpusha@biei.com
펜션 바쿠 Pension Baku www1.odn.ne.jp/pension-baku
　　　예약 방법 전화&팩스 0166-95-2333 이메일 문의 k.simohei@gmail.com
콘페이소우 小ちゃなお宿 こんぺい草 konpeisou1jp.wixsite.com
　　　예약 방법 이메일 문의 konpeisou1jp@yahoo.co.jp
포푸라 펜션 Pension Popura pensionpopura.com
　　　예약 방법 전화 0166-92-0127 이메일 문의 pensionpopura@gmail.com

후라노

후라노 내추럭스 호텔 Furano Natulux Hotel natulux.com
뉴 후라노 프린스 호텔 New Furano Prince Hotel princehotels.co.jp/newfurano
포레스트 뷰 Forest View furanoforestview.com
펜션 앤 레스토랑 라 콜리나 Pension and Restaurant La Collina www.furano.ne.jp/collina
쉐라팡 Pension Chez Lapin geocities.jp/usaginoiekamifu
　　　예약방법 메일 문의 usaginoiekamifu@smile.odn.ne.jp

찾아보기

관광지

가미후라노 플라워 랜드	106
구 테미야센 선로	232
나카지마 공원	134
니조 시장	168
닝구르테라스	98
다쿠신칸	62
마루야마 공원	145
마루야마 동물원	142
마일드세븐 나무	24
메르헨노오카	28
미나미오타루 역	214
미야마토우게 전망대	122
사계채의 언덕	36
삿포로 맥주박물관	154
삿포로 시계탑	177
세븐스타 나무	22
시로히게 폭포	66
시코츠호	236
신에이노오카	30
아오이이케	64
오도리 공원	172
오야코 나무	26
오쿠노산보미치	32
오타루 사카이마치 우편국	223
오타루 오르골당 본관	216
오타루 운하	230
켄과 메리의 나무	20
크리스마스 나무	27
팜 도미타	94
호쿠세이노오카 전망공원	40
홋카이도 구본청사	176
홋카이도 대학교	164
히노데 공원	111
JR 타워 전망대	159

숙소

네스트 호텔 삿포로 오도리	206
라장 스테이	160
마루코마 온센 료칸	246
미즈노우타	242
알프롯지	68
언와인드 호텔	132
포레스트뷰	114
호텔 몬테레이 삿포로	184

카페 식당 소품

기타이치홀	228
기타카로 삿포로 본관	178
기타카로 오타루점	222
꾸스 꾸스 오븐 하퍼스	149
다루마	157
다방 사잔카	78
다베루토쿠라시노켄큐쇼	198
도미타 멜론 하우스	96
디앤디파트먼트 삿포로 바이 3KG	188
라멘 소라	181
라무	156
랜드 카페	48
롯카테이 삿포로 본점	179
롯카테이 오타루점	222
르타오	218
리카로카 카페	116
마루무기 빵집	148
마루야마 팬케이크	151
마사야	113
머큐리 카페	140
메루루	50
모리노토케이 카페	100
모리히코 카페	146
미야비	152
밀크 하우스	186
바리스타트 커피	174
버치	52
비브레	55
비스트로 쁘띠 레지옹	190
비에이 센카	74
사토 커피	202
샌드리아	139
수프카레 사무라이	180
스페이스 1-15	194
신겐 라멘	182
아루우노파인	42
아스페르쥬	75
오이소	170
이시다 커피	204
준페이	76
카페 드 라페	56
카페 츠바라츠바라	200
캄파나 롯카테이	110
캡슐 몬스터	196
코에루	77
콧뿌 빵집	167
쿠보야	226
키친 토로이카	197
파르페, 커피, 리쿠르, 사토	158
팜레스토랑 치요다	58
팡코보 코무기바타케	54
포푸라 팜	97
프레스	150
피크닉	46
하나 시치요 카페	118
후라노 치즈 공방	102
히키메	229

홋카이도 반할지도
여름의 비에이 겨울의 삿포로

©최상희 · 최민 2018

초판 1쇄 2018년 4월 5일
초판 2쇄 2018년 5월 25일

지은이	최상희 · 최민
디자인하고 펴낸이	최민
펴낸곳	해변에서랄랄라
일러스트	엘
출판등록	2015년 7월 27일 제406-2015-000098호
주소	경기도 파주시 가온로 205
문의	031-946-0320(전화), 031-946-0321(팩스)
전자우편	lalalabeach@naver.com
인스타그램	lalalabeach_
ISBN	979-11-955923-5-7

이 책의 모든 내용 및 사진, 일러스트는 저작권법에 의해 보호 받으며,
별도의 허가 없이 사용할 수 없습니다.